出 版 人　李　东
策划编辑　池春燕
责任编辑　池春燕　殷　欢
版式设计　郝晓红
责任校对　马明辉
责任印制　叶小峰

图书在版编目（CIP）数据

项目化学习的实施：学习素养视角下的中国建构 /
夏雪梅著. —北京：教育科学出版社，2020.11（2024.6重印）
（学习素养·项目化学习的中国建构丛书 / 夏雪梅
主编）
ISBN 978-7-5191-2358-1

Ⅰ. ①项…　Ⅱ. ①夏…　Ⅲ. ①基础教育—研究—中国
Ⅳ. ①G639.2

中国版本图书馆CIP数据核字（2020）第216271号

学习素养·项目化学习的中国建构丛书
项目化学习的实施：学习素养视角下的中国建构
XIANGMUHUA XUEXI DE SHISHI: XUEXI SUYANG SHIJIAO XIA DE ZHONGGUO JIANGOU

出版发行	教育科学出版社				
社　　址	北京·朝阳区安慧北里安园甲9号		邮　　编	100101	
总编室电话	010-64981290		编辑部电话	010-64989441	
出版部电话	010-64989487		市场部电话	010-64989009	
传　　真	010-64891796		网　　址	http://www.esph.com.cn	
经　　销	各地新华书店				
制　　作	北京京久科创文化有限公司				
印　　刷	保定市中画美凯印刷有限公司				
开　　本	720毫米×1020毫米　1/16		版　　次	2020年11月第1版	
印　　张	14.5		印　　次	2024年6月第14次印刷	
字　　数	212千		定　　价	48.00元	

项目化学习的实施：
学习素养视角下的中国建构

让素养在中国的课堂上真实地生长

*

当前，我国基础教育课程改革正在进入一个新的历史阶段。我们已经提出了中国学生发展核心素养体系，并正在以学生发展核心素养为主线着力建设和完善基础教育课程体系。一系列新的理念和设计贯穿从普通高中到义务教育阶段的课程方案和课程标准的修订，这些理念和设计的落实需要整个教育系统所有人形成共识，共同学习在面向未来的教学体系中需要具备的各种能力。正因如此，我们的任务非常艰巨。假如我们都把自己认定为教育工作者——不管是实践者、研究者还是决策者——我们要共同献身于教育事业的话，哪怕这条道路再艰难，都得去走。

核心素养是个人在信息化、全球化、学习型社会，面对复杂的不确定的情境时，综合运用所学的知识、观念、方法，在解决实际问题时所表现出来的价值观、必备品格和关键能力。核心素养强调的关键是价值观，强调对真

* 国家督学，中国教育学会副会长，上海市教育学会会长。

实、复杂性问题的解决能力。

指向核心素养的教育变革是一个系统的变革。第一，我们需要以核心素养为指引提炼各学科的大观念、大概念，也就是要通过提炼各学科在培育学生核心素养中可能和应该做出的贡献，贯通从知识点走向学科育人目标的全程。第二，我们需要以核心素养为指引和依据来选择学习内容，也就是解决"学什么"的问题。在国家层面，反映为教材的编制；在学校和教师层面，表现为依据学情对教材进行校本化、生本化的探索。第三，我们需要设计保证核心素养目标得到落实的教学过程和教学方法，也就是解决"怎么学"的问题。要从"以知识为本"的教学转变为"以核心素养为本"的教学，从"以讲授为中心"的课堂转变为"以学习为中心"的课堂。第四，我们需要设计与核心素养培育的教学目标和方式相适应的评价标准和评价方法。评价将引导和促进教师在教学中坚持和坚守素养目标。

核心素养培育的落实不仅仅是教学内容的选择和变更，更是以学习方式和教学模式变革为保障的系统变革。要真正实现学习方式和教学模式的改变，需要深刻理解人是如何学习的，需要回归学习的本质，回归学习是对问题的探求。在这个过程中，学习者既能够对外部世界有深入的探求，又能够实现对自己精神家园的建构，这应该是学习的本意。因为学习不再只是把外部世界的知识装进脑袋里，而更应该是学习者在持续地自我发现问题和自主解决问题中，探索世界，认知自我，发展理性。

项目化学习是体现这种学习本质的方式之一。项目化学习要引导学生在真实情境中发现问题、解决问题，又在解决问题过程中去发现新问题，呵护和点燃学生的学习热情，引导学生探究并体验包括学科知识在内的外部世界，发展对学科以及外部世界的内在兴趣。项目化学习最重要的价值是对问题的持续不断的探求，这是学习的本质。探求的过程不仅仅是实现对外部世界的探索，而且要在对外部世界的探索中不断追问自己，不断形成自己的价值观念，不断形成自我的精神世界。这是需要我们在未来的学习中大力倡导的。

今天在我国的教育背景中探讨项目化学习，要立足于我们国家基础教育课程变革的整体环境。项目化学习的探讨和推进不是孤立的，而是要上联对立德树人的思考，下接对学生学习质量的追问，考虑学生的知识学习逻辑和项目逻辑之间的关系。

项目化学习是有思维含量和思维发展意义的学习。项目化学习要让学生透过问题的情境看到问题的本质，要在实际问题的探究和解决中，调动和激活相关的知识，形成可迁移的思维方式，并在项目的完成中实现对不同学科知识的深度理解。从这个意义上说，项目化学习是创造条件让学生不断迸发思维火花、产生精彩观念的过程。

项目化学习要让学生热情而有创意地生活。我们的孩子不能只是学科知识的复制者，而应该是有灵动生命的生活者。项目化学习真实性情境的特征联结了生命、学科和世界，赋予他们探究的双眼、具身的体验，促进他们更热情、更自由、更富有创造性地投入到对世界的探索中。

项目化学习要让学生感受到学习的意义。我们的老师经常会问一个问题：我花比较少的时间就可以把知识教给学生了，而让学生自己去探究需要花很长时间，那教学有效性体现在什么地方？我想，现有知识传授过程中的有效和无效上面，还应该有一项"意义"原则。所谓"意义"，就是人生活的目的，即谋求人与世界更好地相处。具体就是谋求完善自我，完善与他人及社会的关系，谋求人与自然的关系。这个意义是在所谓有效与无效之上的。更好地实现这个意义就是有效。当这个意义无法实现的时候，再多的用符号表达的知识记忆，其意义也是缺失的。项目化学习的过程和成果都应该让学生获得学习的意义。

在这样的学习中，教师的责任是什么？教师要在教学中创造鲜活的、智慧的、符合人的学习成长规律的生活，而不是把教学作为一套机械、僵化、背离人的学习和成长规律的操作程序。项目化学习是教师和学生合作展开有意义的探究的过程，在探究中表达并实现自己的思想和意义。

在复杂的、变动不羁的时代，教育有自己的使命、理想和追求。素养导向的教育变革是这个时代一项伟大而艰巨的使命，需要我们安静和专业地去对待。我相信，只要我们认准一个目标，脚踏实地地去做，目标就一定会实现。学习基础素养项目组 6 年来的研究和实践历程能够表明，长期扎根于学校课堂的实践和探索，始终致力于素养在课堂中的落地转化，最终是能开花结果的。我们高兴地看到，实践中正在涌现一批生动活泼地探索项目化学习的学校和教师，这是令人振奋的事情。我们需要更多的前行者和探索者，不畏艰辛，勇于思考，积极开拓，让这场静悄悄的变革、意义深远的变革在更多的课堂里生根、开花、结果。

2020 年 11 月

项目化学习的中国建构需要什么？

夏雪梅

一

项目化学习的中国建构需要价值观作为灵魂

我们为什么需要项目化学习？

在第一本书《项目化学习设计：学习素养视角下的国际与本土实践》中，我们提出，项目化学习是为了心智的自由。

这两年来，全球范围内越来越多的不可测事件，促使我不断思考这个命题。心智的自由应该植根于对社会的责任。心智的自由不是放任个体的自由，每一个个体都在和他人的关系中生长，个体要对所处的共同体和自然界负责。今天的教育需要引导我们和我们的孩子思考如何用自己所学的知识创造更美好的世界。

诚信、尊重生命、独立的批判性思考、社会责任感、严谨的科学态度与精神不应该缺席。项目化学习对人的成长意义是在做事中学习，在做事中打磨和升华自身的价值判断。项目化学习强调要让我们的学生关注真实的世界，不仅仅是为了让学生深度理解和掌握概念，或者锻炼思维能力，同时也是为了引导学生敬畏自然与生命，理解何为社会责任。

在传统的教学中，大量琐碎的知识和机械重复的学习往往无法让学生理解何为对现实的关怀和天下兴亡、匹夫有责的情怀，只抓住细节的点点滴滴不能让学生有大的图景，看到不同的细节和事件背后的相互关联，形成牵一发而动全身的理解。竞争性学习很难让学生体会到共同体的社群价值，理解"我""你""他"作为地球公民之间不可分割的关系。

我们需要怀有对自然、对生命、对科学的敬畏之心。

从"全国项目化学习案例平台"几年来收集到的 6000 多份国内项目化学习案例来看，有将近 70% 的案例是在探讨与自我和日常生活、学科知识有关的话题，而较少在日常现象中体现更为深切的社会关怀主题。我们对国际上经典的项目化学习案例进行分析后发现，这些案例往往带有强烈的社会关怀，指向人类普遍关注的重大社会性、科学性议题，如生态环保、太空探索、文化保护等。有研究者通过对美国和中国的 STEM[①] 项目的对比研究也得出了类似的结论。68.75% 的美国 STEM 课程在构建情境时能够结合社会、自然环境等方面的问题或挑战。相比之下，国内能够体现这一评估细则的课程样本仅占 38.46%。（闫寒冰 等，2020）

那么，如何在项目化学习中对学生的价值观进行引导？这并不是停留于空洞的口号或说教，而是要让学生对人类面临的真实问题有"切肤之痛"，产生"关联之感"，使学生主动地、持续地卷入项目探索。在大多数疫情主题的项目中，我们很遗憾地看到，很多学校对疫情主题的学习是一次性的，知识的介入是一次性的，完成的成果也是一次性的。比如，做一个口罩，完成消毒剂的制作，根据各地疫情数据绘制曲线图，将疫情作为项目背景。但是我们是否反思过，做这样的项目的目的是什么？为什么要做口罩，对学生的价值在哪里？又如，对垃圾的处理，如果只对垃圾进行简单改造，将废旧报纸做成手拎包，那这些就只是"花边项目"，并未触及价值观的灵魂。在国际上

---

① STEM 是 Science（科学）、Technology（技术）、Engineering（工程）、Mathematics（数学）的缩写。

经典的垃圾主题项目中，前端会加上对垃圾来源的考察，链接"我"作为垃圾源，让学生直观地收集一周的垃圾，中期加入对不同类型垃圾的产生原因和处理方式的探索，预测不同类型垃圾的降解时间，后端会让学生生成与垃圾处理相关的经济、商业设计，由此让学生产生"没有任何垃圾是垃圾"的深度理解。这样的项目历程更加上位、开阔和深邃，对学生的价值观引导、情感和思维培育的价值会更大。

一个好的项目不仅需要还原真实世界的本质面貌，更应该具有开阔学生眼界、提升学生格局的立意。项目化学习的中国建构需要有深切的社会关怀，为学生打开面向世界和面向未来的窗口。我们需要抬起头来，仰望星空，从个人扩大到全球、浩渺的宇宙，以人类普遍面临的困境、机遇与挑战为项目契机，塑造自由的灵魂。

二

项目化学习的中国建构要基于理智传统，海纳百川，和而不同

项目化学习的中国建构需要长远而广阔的理智视野。我们需要承认，项目化学习是有其理智传统的，如果不认可、不理解其理智传承中的精髓，实践会变成对历史中走过的弯路的简单重复。项目化学习在西方有着悠久的历史和复杂的来源。最早的一条历史脉络可以追溯至 16 世纪，以建筑师、画家和雕刻家为代表，他们认为自己的职业与传统的石匠和工匠不同，是有艺术性的，需要科学和艺术的理论知识与长期训练，不仅仅通过口耳相传。所有有志于进入这一行业的学生都要接受"设计的挑战"（design challenges），形成的作品被称为 progetti（project），即为今天项目化学习的原型。progetti 需要满足五大标准，即今天巴克教育研究所的项目化学习黄金准则的雏形。

（1）挑战性问题，围绕这个问题展开积极的问题解决，而不仅仅是聆听、理解、整合、再现。

（2）真实性，progetti 反映艺术家、建筑师的真实期望和工作经历。

（3）为了回应教师提出的真实性问题，学生需要发声和抉择，从而提出

解决方案和模型。在此过程中可能产生多种答案。

（4）产生公开的产品。"产品"一词来源于拉丁文"producer"，意思是"to bring forth"，产品是创造力的外在表现，让学习变得可见。

（5）一旦学习变得可见，那么他人将能够参与讨论，给予反馈，参与批评和帮助改善，作者自身也能形成反思。

近代的项目化学习又融入了杜威"做中学"的科学探究原型，以及医学教育中的基于问题的学习（Problem-Based Learning）的特征，强调在真实问题中运用科学思维和方法进行持续探究。这就使得今天主流的项目化学习带有强烈的设计导向和科学探究意味，体现为映射学科或跨学科的核心概念和原理，以项目成果（人工制品）反映领域专家（科学家、数学家、作家、历史学家、工程师等）的实践活动。

项目化学习的中国建构不能脱离这样的理智传统和国际大背景而展开。项目化学习需要基于特定的质量标准，并不是所有的活动、实践都可以称为"项目化学习"。今天，进入到 21 世纪，在素养的变革浪潮中，国际上诸多国家、地区和创新学校进行了各类学与教的变革，虽然名称不一，但往往具有挑战性问题、真实情境、持续探索、增进反思等要素。这些国际上具有项目化学习要素的课程、教学、评价实践，在本丛书中都有所呈现。这些来自他乡的实践有着多彩斑斓的生态，促使我们思考中国的项目化学习实施之路。

海纳百川，和而不同，是我们进行项目化学习中国建构的原则。

晏婴阐述了中国"和"的思想：

和如羹焉，水火醯醢盐梅以烹鱼肉，燀之以薪。宰夫和之，齐之以味，济其不及，以泄其过。……若以水济水，谁能食之？若琴瑟之专一，谁能听之？同之不可也如是。（《左传·昭公二十年》）

项目化学习的中国建构，不是要发展一个"以水济水"的单一样态，而是尊重现有实践，在各种可能的样态中，用项目化学习的要素，"齐之以味，济其不及，以泄其过"，允许不同样态和阶段的项目成长。在中国广袤的大地上，在中国分学科的情境中，在国家课程、地方课程、校本课程、研究性学习等多样的课程样态中，在德育、劳动教育、艺术教育、科学教育等多样的领域范围内，在学校原有的探究性作业、长周期作业、传统活动中都可以生长、创造出丰富多样的项目化学习样态。《项目化学习的实施：学习素养视角下的中国建构》这本书提出了活动项目、学科项目、跨学科项目这三种类型及不同学校的实施样态，就是一种指向不同课程类型和功能的尝试。

更进一步说，目前全国或区域推行高质量标准的项目化学习的时机还并不成熟，很多教师对核心知识的把握、学习支架的设计的理解还有待深化。在这种情况下，当下大多数的项目还不是严格意义上的项目化学习，但我们不能否认其中有值得肯定的创新因子。所以，我们还需要逐步探索项目升级的阶梯。在原有的基础上向前一步，向上一步，避免太早用统一的标准和架构来进行规范和约束。在教育中，很难有全新的实践，人的理解和实践都要经历慢慢成熟和迭代的过程。

千江有水千江月，实践是千变万化的。人是多样的，社会是丰富的。就如这次突发的新冠肺炎疫情，催生出了以往比较少见的家庭项目以及线上项目。"和"不意味着大家都是整齐划一的，"和"的基础正在于其差异性和多样性：

夫和实生物，同则不继。以他平他谓之和，故能丰长而物归之。（《国语·郑语》）

三

项目化学习的中国建构需要指向我们的教育短板

我们的教育短板是什么？

在国际比较中，中国学生往往被认为基础扎实，但是在创造性、问题解决方面存在不足，甚至是"短板"。（臧莺，2012）中国的基础教育被认为更注重知识掌握和知识体系的构建，而对包括创造性在内的 21 世纪技能关注较少。（傅冰，2005；朱小虎，2016）我们认为，在当下中国的教育情境中，项目化学习的重要使命之一就是要补足中国教育的这块"短板"，通过多种项目形态，让我们的学生拥有真实的问题解决经历，成为积极的行动者，调动已有的知识经验、能力基础，创造性地解决真实情境中的问题。

Guilford（1967）早在 50 多年前就宣称，创造性是全面意义上的教育关键，也是人类最严重问题的关键。在今天这样一个变动不居的人工智能时代，这一重要性更加凸显。面对错综复杂的不确定的问题，人是否能够创造性地思考，产生尽可能多的新颖方案，因地制宜地筛选适切的方案，成为区别人与人工智能的重要方式之一。创造性思维可以提高许多个人能力，包括元认知、解决问题的能力，促进个人认同和社会参与，提升学业成就和未来职业成就。（Barbot et al.，2017）

项目化学习的中国建构要能引导项目的设计和实施指向让学生更富创造性地解决问题。从 2015 年接受上海市教委任务，成立学习基础素养项目组开始，我们就展开了这样的探索。在我们对素养的理解中，素养、学习、创造性三者之间具有内在的一致性。

素养有两个要素是必不可缺的：

第一，应用自己的所知完成特定的任务或问题；

第二，有能力在不同的情境间进行迁移。（Chisholm，2005）

对情境的学习力和迁移力是素养的核心。素养在情境中形成、抽象、迁移、转换。素养的形成意味着个体在以往的情境中具有足够的学习力，能在新情境中迅速找到自己想要的资源，建立知识间的联系，对新情境进行判断，最终能解决问题。简而言之，这种在不同情境中创造性解决问题的能力就是"素养"。

"素养"蕴含着对学习、学会学习的新的理解。学习不是指被动、机械地习得现成的知识与技能，也不是指孤立地训练各种认知能力，而是指在情境中获得生长性经验，再迁移并进行创造性运用的过程。学习是带有创造性的。

2019 年下半年，我们再次接受上海市教委的委托，根据中共中央、国务院《关于深化教育教学改革全面提高义务教育质量的意见》，研制上海市项目化学习三年行动计划。2020 年，上海市教委发布的《上海市义务教育项目化学习三年行动计划（2020—2022 年）》中，将"创造性问题解决"作为推进目标，并从这一角度对项目化学习进行了界定：

以校长为核心的教育教学团队，在学校活动领域、学科领域和跨学科领域，设计真实、富有挑战性的问题，引导和指导学生在一段时间内持续探究，尝试创造性地解决问题，形成相关项目成果。项目化学习要把握育人方向，全过程融入爱国主义、社会主义核心价值观、中华优秀传统文化、公民道德等元素，培养学生创造性思维、批判性思维、团队沟通与合作等重要的终身学习能力，促进教与学方式变革和教师专业成长，激发学校办学活力。

在新一轮的行动中，我们认为，每一个学生都有创造性，学生对一件事的重新理解或新想法就是创造。创造力并不是少数人独有的、神秘的、随意的。创造性是可以培养的，可以通过累积领域知识、思维方法，逐步产生富有洞见的新想法等各种方式产生。（Hung，2015）我们的教育应该创造机会让学生能对经验、行动或事件做新颖的、有意义的诠释，有机会解决日常的、复杂的真实问题，发展自己的创造性。（孙崇勇 等，2016）未来的创新型人才、伟大的发明创造都始于这些微小的创造性想象和解释。（Beghetto et al.，2007；林崇德 等，2012）

创造性问题解决很难通过传统的基于讲授的教学方法习得。（Sweller et al.，2011；Geary，2002，2006）关于生物主要能力（biologically primary abilities）的理论对这个问题提供了生物学层面的解释。该理论认为，生物的主要能力，诸如第一语言、社会能力、问题解决和创造性，是在漫长的积累、实践、获得反馈、改进等过程中形成的能力和技能，不可能通过一次短短的演绎式的教学就可以习得。换句话说，生物主要能力的形成是一个"精耕细作"的过程。

而项目化学习为提升学生的创造性问题解决能力提供了新的可能性，Hung（2015）分析了项目化学习指向创造力培养的不同维度，涵盖项目化学习所引发的学生内在需求、问题本身的开放性和新颖性、深入的社会性互动以及通过小步骤的创造性积累的过程。他进而提出，项目化学习不仅充满了各种能够彰显学生创造性的契机，而且还加快了这一"精耕细作"的过程。

从实证研究的数据来看，绝大多数的元分析（Strobel et al.，2009；Walker et al.，2009）支持项目化学习在知识深度、灵活性、知识持久程度等指标上优于传统的教学方法。有研究者（Sulaiman et al.，2014）的实验研究表明，项目化学习对学生的创造性思维有直接的显著影响。

在新一轮的探索中，我们希望用不同类型的项目带给学生在不同领域、课程中的多样的创造性体验。在活动项目中，引导学生体会日常的、身边的、真实的问题解决过程；在学科项目中，帮助学生形成对知识的新见解，引导学生创造性地用学科知识进行新实践；在跨学科项目中，引导学生关注更具有社会关怀导向的真实而复杂的问题，探索实践不同专业领域的合作地创造性解决问题的方式。

四

"学习素养·项目化学习的中国建构丛书"正是基于上述这些探索而诞生的。

这套丛书将是一个慢慢发展和完善的过程，因为每一个成熟案例的诞生都需要经历实践的迭代。高质量的实践需要时间。

在这套丛书中，有项目化学习的理论构建，有来自国内各先行地区的实践案例，有对国际上项目化学习的样态分析，有基于学校场域的课程结构性的变革，有持续迭代的活动、学科、跨学科项目的经典案例。尽管方向各有不同，样态参差多样，但无一不是躬行实践的结果。

我们希望这套丛书能够给当下国内的项目化学习探索以新的启发，希望用先行者的亲身尝试追根溯源，探索出可行的道路，为我国基础教育课程改革研究和实践提供资源与经验。

本丛书出版过程中得到了编委会的各位前辈和同行的专业引领与支持，与美好的思想和心灵交流是一件很幸福的事，在此一并致以诚挚的谢意！

2020 年 11 月

项目化学习的实施：
学习素养视角下的中国建构

项目化学习的实施集中体现了以学习为中心的课堂的众多特征。实施中蕴含策略与智慧，是一个充满不确定性、新旧交织的历程，需要行动与反思的平衡。

I 国际上的先行国家、地区和学校是如何实施项目化学习的?

项目化学习的中国建构需要广阔的国际视野。在素养的变革浪潮中，国际上诸多国家的相关地区和创新学校开展了具有项目化学习要素的课程、教学、评价实践。这些来自他乡的实践呈现多彩斑斓的生态，促使我们思考中国的项目化学习实施之路。

Ⅱ 项目化学习实施的中国建构意味着什么？

百年前的设计教学法被称为当时影响最大的教学变革。它经历的失败与重构的过程对当下的项目化学习实施仍然有很大的启示意义。项目化学习实施的中国建构，意味着我们要在本国独特的教育环境下走出自己的路。

III　项目化学习实施的中国建构：学校层级

对学校而言，项目化学习实施的中国建构意味着指向核心素养，契合国家课程方案，结合校情与学情，定位项目化学习在学校整体课程中的切入口和路径，在适合的年段和学科做对学生有长远意义和影响的项目，在适当的时机考虑项目化学习的结构化和序列化。

Ⅳ 项目化学习实施的中国建构：教师层级

对教师而言，项目化学习实施的中国建构意味着在学习情境中，灵活选择合适的项目类型，设计对自我和学生而言都有意义的真实问题，与学生共同经历具有挑战性的项目历程，搭建解决学习困难的学习支架，创建自主、合作的探究环境，提升学生创造性问题解决的能力。

工 具 列 表

I

国际上的先行国家、地区和学校
是如何实施项目化学习的?

项目化学习的中国建构需要广阔的国际视野。

在素养的变革浪潮中，国际上诸多国家的相关地区和创新学校开展了具有项目化学习要素的课程、教学、评价实践。

这些来自他乡的实践呈现多彩斑斓的生态，促使我们思考中国的项目化学习实施之路。

一、美国HTH：创造让世人惊艳的真实作品的项目化学习[①]

HTH（High Tech High，高科技高中，下文简称"HTH"）是 1999 年在美国加州圣地亚哥开办的一所公立学校，更是高科技行业反思传统教育的产物。学校从创办之初就尝试用新的教育理念，用项目化学习来探索教育成功的新的可能性。HTH 建校不到 30 年，已荣登全美十大高中榜，并两次被冠以"新泽西之星"的美名。

HTH 创办之初只有高中部，现在已覆盖 K—12 年级，成为从幼儿园到高中的完整学校，并"复制"出近 20 所有类似组织和课程结构的学校。它的实践表明，类似项目化学习这样的变革也有可能在传统的教育系统中获得成功。近些年来，HTH 还建立了教师认证计划，成立了富有创新性的研究生教育学院，成为从师资培育、落地运行到输出实践模式的大型教育组织。

在分析 HTH 的项目化学习之前，我们需要明确 HTH 作为学校组织的特征，它何以支持这些大胆的创新实践？

（一）HTH 何以成为创新的学校系统？

HTH 是公立学校中的特许学校（charter school）。作为公立学校，公平性是它最本质也是最核心的基因，而作为特许学校，它在课程和教学上具有自主性，有很强的变革基因。

HTH 的生源是来自加州各地的适龄儿童。学校没有入学考试，而是基于邮政编码的抽签系统随机确定。无论家庭背景有多好，学生都只能通过抽签这种公平的方式进入 HTH 学习。学校不收取学费。在这所学校，60% 以上的学生都是有色人种，40% 的学生需要申请午餐餐费减免。学校不会根据学生的学术能力做重点班和非重点班的区分。项目化学习为这些学生创造了成长的可能。在《极有可能成功》（*Most Likely to Succeed*）这部纪录片中，有两个

[①] 本文所述的材料来自 HTH 的网站 https：//hthgse.edu 和相关内部资料，以下不再赘述来源。本文所述 HTH 案例和其他材料已获得 HTH 校长 Larry 的授权认可。

数据说明了这种成长性：HTH 的学生毕业成绩超过加州地区学校平均成绩的 10%，大学入学率高达 98%。

项目化学习在这样的学校落地和获得成功，它具有怎样的组织特征？

1. 较高的师生比和小班教学

HTH 规定，学校满 400 人后就要开设新的学校，这样可以创建更具有亲密性的校园。学校师生比为 1∶12，每个班级只有 22 个左右的学生，有相当多的班级不到 22 个人。课堂中学生根据兴趣自由分组，选择他们感兴趣的内容。

这种配比、灵活分组带来了班级的归属感和关联性，让个性化的教育、因材施教具有实践的基础。在 HTH，学生和导师之间有着密切的联系，通过学生主办的会议、咨询活动和学习成果展示等，学生体验到了与成人、同伴相互学习、相互帮助的过程。

2. 与真实社区的紧密联系

HTH 与周围社区保持紧密的联系。教师所设计的项目要来自真实社区，回馈真实社区。学校没有现成的教材，鼓励教师根据周围社区的真实问题来设计课程，如鸟类保护、垃圾回收、保护原住民等。学生的项目成果也需要真实地影响社区的发展，成果的展览和出项要对社区开放；以此让学生充分体会到，"我"所做的工作对学校和社区是有意义的。

学生通过实地考察、社区服务、实习、向外界专家咨询等方式将自己的学习与真实的世界相连。学生需要为真实的受众创造，并在专业场所展示自己的作品。所有的高中生都需要完成面向社区的足够量的实习和服务。这种社会导向的课程，指向社会问题的解决，可以增强学校学习和真实社会之间的关联性，让学校为社会的进步和福祉而服务。

3. 通过严格而灵活的招聘机制选拔优秀教师

HTH 的招聘机制可以让他们灵活地汇聚优秀的教师。

第一，HTH 可以面向全国招聘符合其理念的教师。在招聘中，他们会考察教师多方面的能力，尤其是学生对教师的认可度。教师要给出自己对教育教学的独特思考，并将其写成文章。现场教学后，学生还会对教师进行五花八门的现场提问。

第二，教师本身的多样性让教师更有创新的基因和相互学习的可能性。HTH 的教师来源是非常多样的，职业经历也各不相同。作为创始校长的 Larry 自己就是跨学科的典范，在任校长之前，他曾经做过木工老师、律师、导演。这与我们国家在招聘教师时往往强调专业对口是很不一样的。

第三，严格的考核机制。录用后的教师与学校的合同一年一签。学校每年都要对教师进行考核，以此决定教师的去留。

第四，持续的专业成长。每年 9 月是美国的开学季，但是 HTH 的教师会放弃休假，提早一个月开始工作，用一个月的时间和同一年级的教师一起在学校备课。

4.教师高度的自主权和专业导向的评价

虽然有严格的筛选和去留机制，HTH 还是能吸引优秀教师的加入。有这样几点原因：

第一，在 HTH，教师是有专业自主权的。HTH 虽然也要接受州政府的考核，但并不需要严格遵循课程标准。教师有权决定开设怎样的课程，教师自己就是项目和课程体系的设计者。HTH 的分科学习和项目化学习是并行的。在 HTH，项目化学习和分科学习的比例大约是 5∶5 或 6∶4，具体如何分配，由任课老师决定。

第二，教师会组成亲密而有支持性的专业团队。学校鼓励教师开展跨学科协作。在 HTH，因为课程本身的综合性，教师之间的协作更加不可或缺，这种亲密的专业关系也是对教师的重要支持。

第三，学校管理者和教师之间的相互信任和支持。教师可以参与到学校的课程体系规划、评价、招聘等非常重要的决策中，也可以获得大量的专业培训。在日常的教学中，学校也会给予教师及时的支持。每天一大早上课前，校长会召集相关负责人，一起讨论当下各个学校正在进行的项目：进展如何？有哪些可借鉴的地方？遇到什么问题？如何改进？

第四，对教师的评价不是用分数而是设法去彰显教师的专业价值。虽然 HTH 的学生也要定期接受纸笔测试，但这些测试的成绩和教师的评价并不挂钩。HTH 对教师的评价不是看学生的分数，而是评价学生的项目成果，看成果本身是否具有社会价值，是否具有科学性，是否具有艺术感，等等。学生和教师共同产出成果，而这些成果服务于社区、学校。这在很大程度上激发了教师的使命感和专业价值。

5.平等、信任、自由、富有挑战的学校空间和文化氛围

HTH被称为"不像学校的学校"。HTH的原址坐落在圣地亚哥机场旁边废弃的美国海军训练中心，这栋建筑被创造性地改造成了学校。学校空间很具柔性，各种空间被灵活打通。

HTH看上去并不像传统的学校样子，而更像艺术画廊、设计工厂、博物馆。学生大多数时间不是按部就班地上课。学校鼓励学生组成团队，创作不可思议的、跨学科的、富有创造力的作品。学校引导学生通过创作实现赢利，比如学生会自己设计衣服并售卖，并用赢利的钱支持学校建设；学生也会筹建网站，设计游戏，销售游戏，获得的钱作为购买器材的经费。学校中大大小小的空间装置、装饰都来自学生的项目作品。比如学生在历史学科中学习著名的文明兴衰理论，然后用巨大的物理齿轮在学校空间中展现出来，成为学校的一道风景，给学校营造出创新、信任、自由、个性而独特的文化氛围。

HTH相信每一个学生都有自己的热情、智慧和选择的自由。为此，他们要求教师了解自己的学生，采用以学生为中心的教育理念，支持和挑战每一位学生。每位学生都有自己的导师，以小组的形式经常与导师碰面，导师为学生的学术发展和未来规划提供支持。

（二）HTH 的项目特征和实施要素

HTH的项目化学习是一个杂糅的产物，杜威的"做中学"、巴克教育研究所的黄金准则、斯坦福大学的表现性评价等都在其中起到了一定的作用。不同的理论在HTH的实践中交织形成了HTH自己的特征和实施要素。从项目特征来看，体现为以下四个重要的设计概念。

1.不同的声音和选择

项目的设计要纳入学生、家长和社区的声音，将项目设计成他们共同的教育经验。为此，需要考虑：

🔘学生如何参与项目规划过程？

🔘如何邀请家长参与项目的各个过程？

- 如何让社区成员或专家参与规划、评论或修改学生的作品？
- 如何让学生、家长、社区成员和专家参与到学生评估中？

2. 公平和多样性

项目旨在为所有学生提供参与有意义的工作的机会和挑战。项目的设计应该包容多元视角、广泛的技能、知识、内容和产品。为此，需要考虑：

- 有学习困难的学生将如何开展这一项目？
- 所有学生将如何在这项工作中找到挑战的时刻？
- 如何为所有学生与同龄人、专家和教师建立有意义的联系？
- 学生在这个项目中有哪些不同的"闪光"方式？

3. 反思性实践

设计项目是为了促进学生产生审慎的、深思的实践。项目的各个阶段都可以且需要融入反思，这也是杜威的反省性思维的意义。为此，需要考虑：

- 如何创造机会收集师生对项目的想法？
- 这一项目如何促进师生之间的合作关系，进而促进他们反思自己的经验？
- 如何将反思纳入评估？
- 在发展学生审慎的、深思的实践中，可以如何融入反思？

4. 激情

项目旨在挖掘学生和教师个人感兴趣的问题。项目是与师生的重要人生命题息息相关的，于"我"是至关重要的。为此，需要考虑：

- 为什么这个项目很重要？
- 是什么让这一项目如此真实？
- 学生和教师如何通过这个项目进行深入的探究？
- 在出项展示后这个项目还具有持续的生命力吗？

根据上述设计概念，HTH形成了自己的设计和实施的工具箱，包含以下九个方面。

1. 入项（launch）

HTH的项目入项往往会为学习者提供富有吸引力的、积极的体验。从入项开始，就引导学生建立与真实世界的联系，让学生产生"阿哈（Aha）"的情感体验，为后续的探究奠定基础。HTH 的入项事件比较丰富，如访谈专家或社区成员、参观博物馆、尝试田野工作等。HTH 的入项还会考虑到学习者的多样性，为不同的学习者提供多个入项点和差异化的视角，促进多样化、创新性思维的发展，为拥有不同技能、经验和观点的学生提供多样的挑战机会。

2. 本质问题（essential question）

本质问题是开放的，而不是在互联网点击搜索就能得到答案的问题。本质问题鼓励学生从多个维度开展探索并进行反思，答案没有对错之分。

本质问题与学术界、学生的生活和真实世界相关，可以用对学生友好的语言进行表达。本质问题引导学生不断提出"为什么？"。

例如，在一个探索国家历史的项目中，本质问题可能是"是什么造就了一个好政府？"；在一个制作玩具的项目中，本质问题可能是"为什么玩具有趣？"。带着这些本质问题，学生的学习不仅仅是记忆信息或学习一项技能。

本质问题可以来自学生或教师，可以在项目开始时创建，也可以在规划过程的后期创建，还可以反复修改。本质问题通常看起来很简单，但鼓励多学科思考、深入探究和反思，鼓励学生在探索不同答案时得出不同的结论。

以下我们列出了 HTH 的本质问题的样例：

- 我应该吃那个吗？（涉及学科：生物、生理学、解剖学、历史、文化和宗教研究、英语、地理、经济学、数学）
- 表现得像个女孩意味着什么？（小学项目，探讨身份认同与性别规范）
- 我们能够控制一个生态系统吗？（涉及学科：环境科学、工程、生态学、物理学、化学）
- 我们如何建立一个和平的社区？（小学项目，启动新的学年，探讨公民责任）

3. 观点产生（ideation）

观点产生可以看作一个头脑风暴的过程。教师和学生、学生和学生合作产生重要的观点，分享这些观点，并可视化这些观点。通过各种展板，学生将他们的计划、概念、问题以及关于未来项目发展的想法都粘贴展示出来。

4. 评论（critique）

评论是提升项目质量、促进批判性思考和交流互动的重要工具。学生和教师运用各种工具来分析项目的意义，揭示其背后的原则，提高其有效性，并确定重要的学习目标。评论促进了公平、反省的学习关系，它已成为 HTH 反思文化中的一部分。

5.核心学术技能（core academic skills）

HTH 的项目化学习需要体现学术的严谨性（academic rigor）。学生通过和教师合作来理解和应用核心的学术技能和内容，并发展积极的学术倾向；学习如何提出复杂的问题，手脑结合，结合多个学科的探究，在情境中应用技能和内容，发展学术思维。

6.草稿和修订（drafting and revision）

在 HTH，学生和教师根据他人的评论开展合作探索，不断迭代项目，形成一个越来越有意义的研究轨迹。有组织、有结构的起草和修改过程为所有学生创造了机会，让他们可以在学习中迎接挑战。在这个过程中，那些有学习困难的学生有反复掌握知识的机会，而那些学有余力的学生则会得到持续成长的挑战。学生和教师通过多次迭代追求更深层次的学习，学生要做很多的修订，从第一份草稿到最后定稿，这中间的变化过程本身就是形成性评价，体现学生的思维和学习轨迹。

7.展览（exhibition）

展览把学生的工作带进真实的世界，学生与同伴分享工作成果及过程中的艰辛与喜悦。每个学生的作品都需要展示出来，而不只是展出优秀作品。HTH 会特别仔细地筹划每个项目的展示对象（受众），如学校、社区、行业中的专家等。学生的公开展示带有一定的正式性和仪式感，每一次公开展示往往就是一次和这个领域的专业人员对话的机会，也是推动项目过程的机会。展览不仅要展示最终的成果，还要展示完成的过程、其中遇到的困难等。

8.评价（assessment）

HTH 认为，评价的真正要义在于促进学习者自己的反思。评价是持续的、对话性的，从反思性的自我评估开始，并结合同行的批评和专家咨询。项目中包含多种形式的评价。参与学生都要完成项目、解决问题，并向社群展示自己的作品，也都需要完成学术实习、毕业生项目、个人数字作品集等，这些将作为评价的重要组成部分。HTH 也会有考试或书面作业，但重要的不是答案，而是让学生反思学习过程及如何改进。

9.反思（reflection）

反思和评论、修订共同组成了丰富的反思性实践。师生看到他们自己的项目工作并提出问题，以促进更有深度的实践。师生在反思中发现自身的成长，由此又进一步推动了他们的思考。反思性实践促进了探究的循环，形成了学校和社区中的文化和价值观。

（三）典型项目：幼儿园、小学、高中的艺术和科学项目

HTH 从幼儿园就开始进行项目化学习，一直持续到高中。这一部分呈现了幼儿园、小学和高中的典型项目，我们主要选择了艺术和科学类项目。

1.幼儿园艺术项目："创造需要勇气"（Creativity Takes Courage）①

HTH 的幼儿园项目范畴覆盖广泛，涉及科学、人文、艺术、工程等多个领域。"创造需要勇气"由三位幼儿园教师共同开发，他们提出了一个很富有挑战性的问题：

艺术如何影响我们对这个世界的看法？

这个大问题又被分解成以下几个小问题：

● 艺术家如何恢复活力？

● 艺术如何与你对话？

● 艺术家使用何种类型的博物馆？

● 艺术博物馆的目的是什么？

在这个项目中，幼儿园的小朋友们探索了八个不同的艺术家和他们的作品。他们不仅探索了艺术家个人的作品，而且比较了不同艺术家的生平和创作技巧。儿童学习如何表达自己关于艺术家和艺术作品的看法。通过多样的田野实践和项目，他们在错误中学习，并获得了坚毅的勇气。在分析了每一位艺术家后，儿童创作了具有个人艺术风格的作品。学习过程中的作品和最终的作品是多样的。在最终的成品中，儿童选择了与他们最相关的一位艺术家，并用这位艺术家的风格创作自己的肖像；他们还需要撰写对他们所选择

① 本项目的设计者和实施者为 HTH 的 Diane Hawke、Linda Salamanca、Jen Schultz。

的那位艺术家的评论，并设计表现人物面部特征的指南。

在这个艺术项目中，除了上述艺术目标外，还包含了一系列非常有挑战性的其他领域的学习目标：

- 在阅读上，特别指向信息类文本的阅读，包含三个阅读策略：提出关于不同艺术家和艺术风格的问题并回答；比较和分析不同艺术家的风格；阅读传记。

- 在社会性情感上，指向四个重要的目标：换位思考；坚毅；从错误中学习；成长性心态。

- 在数学领域，包含相应的数学实践：发现真实世界中的各种图形；构图和分解形状；对称；模式。

- 精细动作：绘画、涂色、切割、临摹。

这个项目是一个非常大胆和野心勃勃的项目，它的驱动性问题非常深刻，提出了艺术如何影响人们生活的问题，同时又巧妙地在儿童和艺术家之间建立了联系，让儿童学会换位思考，用多种不同的视角看待艺术，让他们知道自我和艺术之间的关联。

教师没有将儿童看作一张白纸，而是将儿童视为一个具有充分的潜能和鉴赏能力的艺术家，他们创作属于自己的艺术品，并在对高水平的作品的模仿和借鉴中获得启示。

这个项目的成功，也是教师善于借助社区、博物馆等多种外部资源的结果。在项目启动之初，教师们也感到很忐忑，担心这个项目不太适合幼儿园，但是，他们随后参观了圣地亚哥艺术博物馆，在那里，他们获得了博物馆工作人员的支持，这是推动这个项目向前发展的动力。

在这个项目中，儿童对艺术作品、艺术家、艺术博物馆产生了更为个性化和深刻的理解：

- 艺术很重要，因为它以不同的方式与不同的人交流；

- 艺术和我说话，因为它把我带到了不同的地方和时代；

- 即使艺术家们想放弃，他们也会继续作画；

- 在艺术博物馆，人们可以看到不同类型的艺术和艺术品，并提出意见，不管他们喜欢与否。

2. 小学科学项目: "引人深思的食物" (Food for Thought)①

这是一个四年级的跨学科项目, 涉及历史、科学、政治、经济等众多领域, 持续11周。这个项目比较复杂, 需要师生共同探索不同食物系统的运转, 食物系统如何影响人类和环境, 历史上的农民 (农场工人) 权利运动, 今天的食物获取和浪费问题。项目对学生的知识面、系统思考、科学阅读、研究报告撰写等众多方面都提出了非常高的挑战。这种极富学术挑战性的项目目前在国内的小学还是比较少的。

该项目需要学生们探索作物的生长、生产、最终的去处等完整的系统, 理解食物系统形成与运转中的各个步骤, 具体来说包括:

● 植物的各个部分和植物生长所需要的养分;

● 光合作用;

● 作物如何生长;

● 食物系统的多样性, 可持续食物系统和工业粮食系统的利弊;

● 浪费食物的去处。

项目进而沿着两条线索推进。一条指向探索人类对食物系统的影响, 涉及重要的概念, 如食物获取和农场工人的权利运动, 学生需要理解:

● 三种类型的粮食正义: ①食物是在可持续的食物系统中生产的; ②每个人都能获得负担得起的健康食品; ③农场工人受到尊重, 得到有尊严的对待。

● 历史上和当今时代的农场工人权利运动。

● 农场工人在争取什么: 尊重、公平的报酬、健康医疗、公平的生活条件。

● 农场工人用来争取公平的策略。

● 农场工人为什么至今还在遭受不太公平的对待。

● 谁可以得到粮食, 谁得不到粮食——粮荒、贫穷和粮票。

另一条线索指向环境对食物系统的影响, 涉及这个领域非常重要的一些议题:

_____

① 本项目的设计者和实施者为 HTH 的 Amanda Borow。

- 气候变化的影响和原因；

- 气候变化和食物系统之间的关联，涉及资源利用、燃烧化工燃料、产生甲烷气体；

- 绝大多数浪费的食物去了哪里，填埋场里甲烷气体和浪费的食物之间的关系；

- 处理浪费的食物的另一种方式——堆肥，包括如何制作和使用堆肥。

上述议题所涉及的关键概念，如食物里程（food miles）[①]、气候变化、甲烷气体、堆肥等，即使对成年人来说，也是比较生僻的。为了让学生对这些概念有真实的体验和理解，项目为学生提供了大量的田野研究机会，学生可以到农场、花园、工厂去参观考察，并有机会拜访这一领域的专家。

- 学生们参观当地的垃圾填埋场，了解大部分食物垃圾的去向，了解甲烷气体和减少垃圾计划。

- 学生们参观圣地亚哥的可持续农场和教育中心，学习和参与可持续农业实践。他们在那里进行可持续农业的垃圾打扫，帮助农民做农活，并与农民一起烹饪健康的食物。

- 学生们和七年级的伙伴一起在社区花园做一个以食物为主的项目，学习种植、灌溉、除草和堆肥。

- 学生们访谈营养师，学习基本的营养知识，以及食物里程如何影响新鲜食物的营养价值。

- 学生们和"消除美国饥饿"组织的专家碰面，听取该组织的圣地亚哥代表介绍圣地亚哥的食物浪费和饥饿问题。

- 每周二活动期间，家长们都会带健康零食给学生品尝。学生们对品尝新食物感到兴奋。

- 学生们进一步探索非虚构类文本、视频类文本和相关文章，学习如何撰写杂志文章。

---

① 食物里程，指食物从生产出来到运送至消费者手中（或者口中）的运送距离。食物里程是用来了解食物生产对环境冲击的一种评估因子，尤其是长程的食物运送必然需使用能源来驱动运输工具或储存食物，增加温室气体排放，因此也将影响全球暖化的程度。引自：http://www.kskk.org.tw/food/node/58。

围绕上述强有力的科学内容线索，学生需要具备相应的科学探究技能：

▶ 基于强烈的好奇心，提出一个研究问题；

▶ 确定在搜索栏中应该使用的关键词；

▶ 决定某一个文献的来源是否与他们的研究问题有关，是否达到了他们的阅读水平；

▶ 浏览各种研究资源（非虚构类文本、在线出版物、网页资料等）；

▶ 识别和记录资料来源信息：作者姓名、文章名称、网站名称、网址等；

▶ 边阅读边做笔记来回答研究问题；

▶ 用图形来组织研究，为写一段话做准备。

这个项目同时涉及科学阅读和写作能力。项目最终的出项是举办一个类似农业市场的展览会。其中，学生呈现他们对特定问题的研究成果，并售卖其创办的《引人深思的食物》杂志。为此，创办杂志贯穿在整个项目的过程中。学生要展现出良好的非虚构类文本的读写能力。具体来说，学生需要在项目中：

▶ 阅读适合这个年龄段的非虚构类文本；

▶ 识别非虚构类文本的特征；

▶ 使用头脑风暴表撰写一个段落；

▶ 撰写一个"信号灯"段落：写一个主题句／主旨句（绿色句子），介绍一个新的原因（黄色句子），用细节解释原因（2—4 个红色句子），用主旨结尾句（绿色句子）收尾；

▶ 使用有组织的研究笔记，写出结构良好、详细的段落；

▶ 学会运用标题、副标题和词汇框等来帮助自己导航和阅读文本；

▶ 运用诸如标题、副标题、词汇框和事实信息等来完善段落；

▶ 使用班级共同研制的量规来修改、完善文章。

上述多样的能力都被编织在项目的运作和实施过程中，见表 1-1。

表 1-1　"引人深思的食物"项目进程

项目时间	项目过程	杂志创办过程
1—3 周	**食物系统概览** －什么是食物系统？ －我们处在食物系统中的什么位置？ －预先介绍各种要探讨的话题以激发学生强烈的好奇心	**准备研究过程** －引入非虚构类文本的特征 －引入"信号灯"写作
4—6 周	**食物是从哪里来的？** －工业粮食系统和可持续的食物系统 －食物系统如何影响了我们的环境？ －什么是食物正义？ －农民的权利运动	**研究** －查找资源，使用资源，记录相关信息 －练习记笔记 －选择研究问题 －对研究问题展开实际研究
7—9 周	**食物到哪里去了？** －谁有权获得粮食？ －有多少粮食被浪费了？ －浪费食物产生了怎样的影响？ －什么是"拾穗"？	**文章写作** －文章结构 －打印初稿 －自我审查，同伴审查，教师审查
10—11 周	**反思和为展览做准备** －访谈同伴的学习经历 －小组准备展览报告	**出版** 对出版文章做最终修订

3. 高中项目："圣地亚哥海湾实地考察"①

这个项目是 HTH 的经典传承项目，充分体现了 HTH 与社区联动解决社区真实问题的特征。15 年前，十一年级的 56 名高中生在导师的带领下，综合生物、历史、文学、微积分等各门学科的知识，经历大量的实地考察，最终出版了关于圣地亚哥海湾生物的分析报告，名为"透视圣地亚哥海湾：实地指南"(*Perspectives of San Diego Bay: A Field Guide*，报告以下简称《指南》)。这在当时引起了极大的反响。师生们在随后的一系列国际研究会议上介绍了

---

① 本项目的设计者和实施者为 HTH 的 Jay Vavra、Tom Fehrenbacher。

他们的研究成果。

在为期 16 周的项目研究中，学生每周花费 15—20 个小时考察圣地亚哥海湾潮间带和港湾生物的多样性，评估潮间带的动物生存环境，评估人类的活动对圣地亚哥海湾不同地点的影响。

学生必须根据天体运动和潮汐规律来安排野外考察的时间，因为只有在退潮的时候才能看到那些生物。考察时，一些学生会拿着一个由白色 PVC 管（主要成分是聚氯乙烯）制成的一平方米大小的方形装置，蹲在被潮水冲刷过的沙地上，数他们在 PVC 管横断面上找到的帽贝和藤壶。他们会使用激光水准仪和一根杆子来测量潮汐的高度，并且还建了一个数据库来记录潮汐高度的坐标，绘制出了每平方米发现的生物数量。一些学生则在水边翻动岩石或追踪滨鸟的足迹。还有一些学生则坐在远处，拿着笔记本写写画画，以描绘他们面前的海景。他们在野外记录了很多数据，绘制了很多图，并且还需要思考如何将这些数据和图表以普通人可以看得懂的方式呈现出来。

学生们力求用科学家的要求和科学界的规范来提升项目和成果的质量：他们阅读相应的科学杂志，寻找类似的研究，学习相关的研究方法，并且寻找相应的研究资源和组织的支持；有的学生到圣地亚哥历史学会，研究海湾是如何随着时间的推移，从西班牙殖民地发展为现在的模样的，并写成一篇报告；有的学生参与了大学和研究机构的多个研究项目，包括对作为海湾和航道水质健康指标的大型无脊椎动物的普查。

学生们在不同的课堂上学习如何解决这些问题。

在生物课上，学生们研究不同动物群的器官系统的进化，从最原始的海绵开始，研究和描述它们的组织和器官，直到脊索动物的进化。他们将生态与海湾研究结合起来，并通过观察动物的器官系统来了解动物的进化和生理特征。

在阅读和写作课上，学生们阅读并评论了二十多本博物学家指南，找出他们认为有趣且适合做野外指南的要素。

在数学课上，学生使用傅里叶分析来设计海湾考察行程，确保能赶上海湾的低潮期。

在历史课上，学生们阅读了约翰·斯坦贝克（John Steinbeck）的《科特斯海航行日志》（*The Log from the Sea of Cortez*），并从中获得灵感。这本日志的作者是小说家、斯坦福大学的学生，讲述了他 1940 年与生物学家埃德·里基茨（Ed Ricketts）的探险经历。

这个项目不仅仅是科学项目，也融入了非常多的人文思考。在项目进程中，随着探讨的深入，学生们提出了一个非常具有历史人文关怀的问题：在这么短的时间内，是什么导致了完全不同的海湾？学生们在历史中寻找答案。他们发现：作为狩猎采集者，人类在全球觅食了数百万年。然后，大约在 12000 年前，人类开始停留在一个地方，开疆拓土，种植食物，这被称为"农业革命"，这是人类历史上第一次通过重大技术引发的社会革命。学生们进而发现，这一革命对包括海湾在内的自然环境产生了极大的影响。由此，学生们得出新的结论：人类工具的使用灭绝了大量的生命——工具的使用使"我们自己的入侵"成为可能。

基于此，学生们又进一步追问：那么，我们怎样才能更好地使用工具？在一个封闭的系统中，大自然的设计原则是什么？学生们研究了地球可持续发展的原则：在这个星球上，生命一直是运作的，它将继续存在，无论我们是否存在。但是，当人类不能通过自身的设计或行动来尊重自然时，就会陷入"公地悲剧"。

这本《指南》整合了 50 多名学生的研究成果。教师们提供了一定的指导，而所有的视觉效果处理、内容编辑和排版都由学生完成。学生对作品进行审查、评论和校对。如果学生提交的材料质量不高，经过几次修改还达不到审查要求，作品就会被淘汰。学生们还负责制作宣传材料，并跟踪销售情况。

这本《指南》有精美的插图和设计，满页绚烂的彩色照片，通过复杂的 GIS[①] 技术绘制的地图，由学生撰写的早期探险者绘制地图的历史。《指南》中洋溢着兼具哲理、思辨、科学、艺术气息的语言。诚如《指南》中的"学习的目的"所言：

指南包含了思想之美、自然之美和反思之美，以使科学和艺术和谐统一。……这是一本充满了生命、能量和知识的指南，是一个丰富的博物学志，

---

① GIS，Geographic Information Systems 的简称，即地理信息系统。

识别、分析和量化了学生们在海湾潮间带和港湾中发现的生命形式。

最重要的是，通过这些文字，学生表现出的强烈的社会责任感和科学精神，正如其中一位指导教师所描述的：

无论是写海绵还是鹈鹕，是写海狮还是经常出没于此海湾的无家可归的人类，学生作者们都用深思熟虑的眼光看待圣地亚哥军事、工业、旅游和自然的相互依存和可持续发展性。……尤其是，这些年轻的作者有一个明确的公共目标：唤醒圣地亚哥，让它意识到海湾的潜在破坏，因为城市的自然生活、工业和商业之间的平衡变得越来越不稳定。这也让我们对身边的环境有更深的责任意识。在我们小的时候，身边有很多的池塘、河流，但现在，这些都越来越少了，其中的生物多样性和栖息地的情况变得怎样了呢？这些我们其实知之甚少。

（四）反思：如何创造出让世人惊艳的真实作品？

HTH 的成功有国内的公办中小学不可复制的很多组织和制度因素，如小班额、高师生比、严格而灵活的教师招聘制度等。但是，HTH 的项目化学习也有相当多的方面是可以被我们学习和借鉴的。在此，我们只探讨以下问题：

为什么很多项目成果像作业，而 HTH 的学生项目成果却像真实的成人专家所创作出来的作品？为什么这些作品让世人惊艳，甚至让其他的孩子、成人、学校外部人员心甘情愿地去购买？

从作业到作品甚至产品，这是一系列非常重要的跨越，它让学生的项目具有了真实的意义和价值，让他们心生自豪。接下来我们就结合 HTH 的项目实践，分析让世人惊艳的作品的诞生可能需要的条件。

1. 学校整体项目模式的定位指向"作品／产品"

赵勇（2014）[195-201] 曾经将项目化学习分成三种模式：学习型模式、混合型模式、创业型模式。他认为，巴克教育研究所的项目化学习是学习型模式的典型代表，重点强调掌握"学术知识"及"21 世纪所需的关键技能"，而学生的"支配权"和"产品"这两个因素就显得不那么重。HTH 的项目化学习是创业型模式代表，更为看重产品的价值而非学习的内容，强调成果的自我和社会价值。

HTH 认为，项目最终的作品才是推动项目和衡量项目成功的关键。2012年，HTH 与英国未来教育项目组联合出版了《注重作品：项目学习法教师指南》一书，其中将项目化学习定位为：由学生计划、设计和执行的长期项目，最终制作出可公开展示的实用作品、出版物或报告。该书列出了项目成功的三要素：公开展示、多种方案以及分析评鉴。从这些描述可见，HTH 对项目化学习的理解与制作项目中的优秀作品息息相关，而这种对最终成果的关注与只看重结果不看重学习过程的学习模式不同，伟大作品的诞生是建立在深度的学习和反思基础上的。

2. 项目选题指向真实世界的工作，带有强烈的社会价值和创造性

从上述 HTH 的典型项目可见，HTH 的项目都带有强烈的"真实"导向，学生在项目中所做的事情往往是这个领域的专业人员会做的"真正的工作"，而这些真正的工作及其成果对学生、社区甚至世界都很重要。HTH 项目的各个阶段都体现了"真实"的意义：HTH 鼓励教师用真实的田野研究入项；引导学生在项目中建立与各种类型的社会组织的联系；注重项目过程中学生与真实专业人员的接触；项目过程和结果注重专业本身的规范性。

这与学生常做的家庭作业不同。传统的家庭作业主要是知识的再现和巩固，家庭作业的完成往往只具有学业的目的，对社区或他人并不一定具有价值。而真正的工作要有一个真实的目的。这个目的可以是服务他人或自我，不是为了写作而写作，也不是为了数学而计算，真实工作要准确地反映知识是如何被应用和学习的。真实的工作会带来多种视角的融合与碰撞，而传统家庭作业往往只需要考虑知识内容的完成本身。

3. 跨学科的联系为创造惊艳作品提供了更多可能性

HTH 的项目往往会进行跨学科的奇妙的连接，比如将历史研究的成果以物理的方式来呈现，将英雄故事和 DNA 的研究整合在一起，创造自己的基因突变的英雄。这些在我们看来不太可能的学科连接增强了创造性。这得益于 HTH 教师多样的来源。除了 HTH，在美国其他很多学校的项目中，我们都可以看到这种思路。将艺术、信息技术等融入项目，在文理之间进行"混搭"是他们激发学生创造性的一种思路，这往往会带来富有想象力的项目成果。在亚马逊的网站上，可以看到 HTH 从幼儿园到高中的学生项目，这些学生出

品的书，从封面和设计上看，往往给人很强的视觉冲击，富有艺术性。

4. 项目中不断地评论、修订，反复迭代，优化成果

HTH 的项目研究过程中创造了大量的评论、反思工具，引导学生对项目不断地进行评论和修订：在初步作品形成后，学生要进行 7 分钟、15 分钟的项目反思和优化；针对阶段项目成果，学生要作为数学家、作家等进行专业领域的专家反思，还要对自己是如何完成项目的、21 世纪技能的发展情况等进行反思；在若干个项目结束后，还要进行系统的年度反思，分析自己哪些项目做得好，为什么做得好；等等。在不断的修改迭代中，学生不断优化项目成果，最终形成高质量的、富有冲击力的成果样态。

二、英国P21学校：培育指向21世纪技能的项目化学习

P21 学校是位于英国伦敦东部斯特拉特福德的一所具有开创意义的创新学校，覆盖幼儿园到高中学段。P21 是一所充满变革气息的学校，它从读写能力、口语、项目化学习、新技术、学校文化培育等多个维度共同致力于学生 21 世纪技能的培养。P21 学校的三位创始人坚信，如果要让年轻人为即将进入的世界做好准备，教育就必须与以往不同。为此，P21 学校架构了以项目为核心的课程体系，主要有偏向创造性、艺术性的活动项目和探索科学、人文的学术项目两种类型。同样，在分析具体的项目之前，让我们先看一下这所学校的组织与制度设计。

（一）P21 学校何以成为创新的学校系统？ ①

P21 学校何以成为创新的学校系统？ P21 基于脑—心—手的独特的教育信念，将学生语言表达能力置于 21 世纪技能的核心，在语言表达能力和项目之间建立相辅相成的关系，同时也为诸如项目化学习这样的创新提供教师专业发展机制和平台。

---

① 本部分所述材料来自 P21 学校的官网：https://www.school21.org.uk。学校内容和案例的使用征得其联合创始人与执行总监 Oli de Botton 先生的同意。关于英国的学校资料部分和项目进展状况咨询了英国纽卡斯尔大学的 David Leat 教授。

1.脑—心—手的学校教育信念

P21 学校的信念是创建一所能平衡脑、心、手的学校。脑是指学术成就，心指向品格和福祉，手指向出主意、解决问题、有所作为。

脑：我们希望学生形成对塑造世界的大概念（big idea）的理解。每个学科领域都有一个精心规划的结构，以确保学生发展他们需要了解的关于世界的知识和技能，让学生能够利用这些知识做出积极的改变。

心：我们相信，学生的幸福是至关重要的。不仅仅因为这是良好学习的基础，而且我们希望增强学生面对生活中不可预期的挑战时的复原力和抵抗力。

手：我们认为工匠精神和创造性是面向未来的重要技能。我们也相信，学生有能力通过开展真实的项目来对他们周围的社区产生真正的影响。

基于上述定位，P21 学校发展了 4—18 岁的连贯的课程旅程。所有的学科都以本学科的大概念为基础，学生通过学习事实性知识来建立这些"大概念"。学生也在他们的学科课程中发展特定的技能。

为了将脑、心、手联结在一起，P21 学校设计了一系列的教学方法，让学生有机会找到自己的声音，获得相关知识和有深度的理解，创造真正有价值的作品，其中项目化学习是一种主要的方法。

在 P21 学校，每个学生都有一个指导小组，每 11—15 个学生有一位导师。导师与学生一周见面 4 次，以发展学生的专业态度，提升学生的幸福感。此外，所有的学生都有机会参与课外活动，学校认为这有助于发展学生的激情。

2.将语言表达能力作为 21 世纪技能的核心

P21 学校将语言表达能力作为 21 世纪技能的核心。他们认为，良好的语言表达会带来更深层次的思考和理解。平均而言，一个生活在贫困地区的学生每节课讲的单词不超过 4 个。因此，P21 学校的目标是将口语提升到与阅读和写作同等的地位。在 P21 学校，口语是有效沟通的能力，所有的教师都被看作口语教师，他们从不同的学科和视角培养学生的口头表达能力。在 P21 学校，语言表达是一项道德事业，学校认为年轻人成长的最大障碍之一是缺乏口才。

P21 学校相信，学校文化的核心是为年轻人提供各种各样的机会，构建富有对话性的课堂，将对话能力融入到项目中，培养学生对口头语言表达的信心，并学习如何进行高质量的对话。

3. 教师专业发展共同体的机制

P21 学校在教师专业发展上投入了很多时间和精力，以提升教师的能力，尤其是致力于构建学校教师专业发展共同体。主要有如下措施：

组建教师专业发展学术圈。围绕学校的发展方向，比如读写能力、口语、项目化学习、新技术、学校文化培育等，每个教师都至少进入到一个"圈子"或团队中。学校管理者经常会关心教师们的教学进展，并给教师时间、空间、资源和挑战来改进他们的教学实践。教师的专业发展被精心划分为不同的路径，学校为教师提供可选择的模块，提供诊断、研究的机会。这让每位教师都有机会变得更有研究性和战略眼光。

形成有效而迅速的反馈文化。教师们能够获得及时的、实地的反馈。每位教师都有一位致力于帮助自己成长的直接管理者。管理者会观察教师的行动并给予教师具体的反馈，涉及教学、学生指导、主持会议、与家长合作、参加会议等方面。除此以外，教师在如何成为领导者、项目设计师等方面也可以随时得到指导。

制定专业发展档案。学校期望每一位教师都能有自己的包含工作、项目、专业发展、兴趣和阅读的档案袋。教师们认为这是非常有益的，这为他们提供了个人成长的独特平台。学校和每个教师都会进行"飞行路线"谈话，在该谈话中，学校会和教师们讨论他们在未来两到三年里想要如何成长，以及实现目标所需的培训和支持结构。

充分保障教师的专业发展时间。每个教师都有如下的专业发展时间：在新学期开始前，有 5 天的计划日为新的一年做准备；年中定期安排教师协作、项目设计和开发实践的计划日；每周三下午，有固定的 2 小时加工下一步的模块设计；定期从同事、重要的朋友和那些在工作领域有专长的人那里得到反馈。

鼓励教师成为领导者。学校给教师提供大量的领导机会：领导一个部门；领导某个教学领域，如口语或项目化学习；主导课程设计中的某个部分；领导学校的某个年段。P21 学校有独特的领导课程，以发展教师的技能。P21 学校的领导力培训者有杰出的教育家、企业家、不同专业领域的领导者，以及那些在建立高效团队方面有丰富经验的人。

（二）P21 学校项目特征和实施要素

P21 学校提出，课程要为所有学生提供机会，让他们获得基础知识和学科领域的专业知识，并发展他们的性格、技能、批判性思维和领导力，产生脑—心—手的联结。项目在整个课程中处于核心位置。

1.P21 学校项目的类型

P21 学校的项目主要有两类。

一类是在 PBL[①] 项目周中。在项目周，学生们会创作各种美丽作品：都铎王朝的玩偶情景剧、杂志、未来博物馆、火山模型、艺术画廊等。这些项目带有很强的创造性游戏、艺术性活动的特征。学校认为，这些美丽作品不仅让学生真正感到自豪，也将让世界因此而不同。

另一类是在学科中。P21 学校学科中的项目秉持严谨的设计。严谨是任何优秀项目的核心。他们认为，项目化学习是一系列产生深度和真实学习的技术。学生沉浸在丰富的学科内容或一个现实世界的问题中，并通过应用知识和发展技能体现他们工作的真正价值。教师则提供包含学科内容的各种资源，如书籍、文章、剪辑视频等。

最终呈现的项目评价由不同的比例构成。对最终产品的总结性评价占总分的 25%，此外还包含对学生一对一的口头评价，以及对学生所进行的 21 世纪技能的评价。

2.P21 学校项目的设计和实施要素

P21 学校的项目有 8 个设计要素，这 8 个设计要素形成了项目规划清单，用问题来带动关于项目设计的思考：

● 本质问题：什么问题将会驱动这个项目？

● 真实的观众 / 美丽工作的展览：愿景是什么？

● 精心制作的最终成果：将要创造出什么？

---

① PBL，是 Project-Based Learning（项目化学习）的缩写。

▶关键内容：重要的课程内容是否都得到了合理覆盖？

▶严格的评价（包含对所有学生的一对一的评价机会）：你怎样保证儿童学了并获得了进步？

▶时间线／透明度：项目的流程是否都得到了仔细的思考？你如何与学生们分享？

▶学生选择：项目的哪些方面可以让学生表现出他们的创造性？

▶基础文本：学生读些什么来发展他们的理解？

为此，P21学校呈现了下图（见图1-1），通过形成项目的多种草案，引发学生们的相互评论，引导他们修订项目，产生最终产品，让所有学生的学习都能达到课程标准。通过引入真实的公开展览，优化项目成果，创造美丽作品。在此过程中，也形成师生、生生的学习者社区。

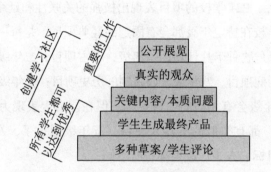

图 1-1　项目实施过程

上述的项目设计是逐层提升的，从优先次序上要保证最基础的目标达成，然后逐渐上升到更具有挑战性的部分。

3. 全校统筹的连贯的项目策划和实施

与 HTH 不同的是，P21 学校的项目并不只是教师个体层面的设计和实施，而是要经过全校的统筹设计，以保证项目的连续性和合理性。图 1-2 描述了 P21 学校项目筹划与实施的五个步骤，每一个步骤都要经历倾听、讨论、反思和调整。

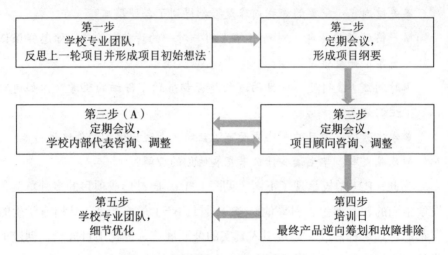

图 1-2　全校范围的项目筹划与实施

经过上述设计，P21 学校的项目表现出极强的关联性和延续性。

第一，P21 学校在特定年级都会有固定的经典项目，是每一届学生都要做的：起始年级，濒危物种卡片计划；一年级，考古项目；二年级，自然灾害项目；七年级，黑死病项目；八年级，奴隶制的历史项目；九年级，冷战项目。

第二，不同年级会有相同的项目主题，但在能力上表现为螺旋上升。从五年级到八年级，都有类似的机器人项目，五年级做过了，八年级还会做，但是做的重点、目标、方式、成果都有所不同。

第三，学生所做的上一个项目和下一个项目之间的关联性。上一个项目和下一个项目之间并不是截然无关的，在主题、情节、涉及的学科关键能力、文本类型等多个方面都会有关联性。这种关联性可以让学生获得项目之间的整体感，建立起新旧知识和经验之间的联系，也更便于学生迁移上一个项目的经验到新的项目中来。我们将在下文通过呈现年段的项目进行具体阐述。

（三）典型项目：小学、初中的纵向关联项目

如下我们主要呈现五年级和八年级的项目，来看看跨越小学和初中的项目是如何产生联系和持续生长的。

1.五年级的年度项目

在五年级的 4 个学期中，学生将会经历 5 个长周期的项目，覆盖艺术、科技、文学、历史、医学等多个领域。

在五年级秋季学期，学生做的是机器人技术项目，这个项目是四年级最后一个学期项目的延续，但在难度、真实性上都有提升。

这一学期的机器人技术项目并不仅仅是按照图纸搭建机器人，而是需要研究真实世界中的环境问题，比如抗地震的建筑物、气候变暖、海洋污染等，并且用自己设计的机械原型来解决这些问题。学生需要作为专业的编码人员，设计机器人测试建筑物的抗震性能，设计特定的编程来帮助人们治理海洋污染，设计可以处理气候变化的机器人。

进入春季学期，学生将做两个项目，这两个项目的主题都与第一次世界大战时期的英雄有关，但项目方向不一样。第一个项目是要完成一个博物馆项目，学生需要借助教材中的阅读材料，与同伴合作设计一个博物馆。

学生使用英语中的基础文章"Private Peaceful"来探索第一次世界大战的微观故事。他们担任策展人的角色，致力于建立一个展示真实物品的博物馆，以展现这个时期发生的英勇故事。

第二个项目同样是英雄主题，但文本类型不同，学生将进行英雄诗歌创作、表演和拍摄。

这个项目不再以故事为主，而是以诗歌创作为主。该项目与阅读和写作课程一起开展，学生以三人一组的形式设计自己的角色，对创作的诗歌进行表演、拍摄和展览。

进入夏季学期，学生也要做两个项目，其中一个延续上学期的英雄项目，从视觉艺术的角度进行深化：

这个项目一方面要将诗歌的创作范畴从英雄扩展到其他方面，另一方面要将诗歌进一步可视化、艺术化，所以融入了美术要素。学生使用墨水和木炭素描等技术来展示他们创作的诗歌版本。

在夏季学期的后半段，学生转入了新领域的项目，开展医学史的历史剧创编项目：

这个项目持续半个学期。学生需要学习从古到今的医学史，尤其是手术的发展。作为最终成果的一部分，学生要分别编写特定历史阶段的医学史脚本，以解释该时代的关键发展。然后，他们将每个人的脚本汇总在一起，创建一个完整剧本，展示随着时间推移的医学和手术史。

2.八年级的年度项目

P21学校的中学项目选择性更强，学生可以选择4—6个不同的项目，来发展自己在不同领域的多元兴趣。

在秋季学期，学生被分成5组，他们可以按照自己的兴趣参与到不同的项目中。这些项目中有相当一部分是学生在小学经历过的项目，但是要求更高，主题更综合。比如上述五年级的机器人技术项目，到了八年级，技术就进一步和人文主题结合起来，学生要进行更深层次的思考和论辩。

第一组：机器人技术项目。这个项目将技术和人文社会科学的重要议题结合起来。学生们不仅要在这个项目中使用乐高智能机器人，同时还会探讨和辩论对当前人类发展至关重要的议题：人工智能的兴起是否意味着人类的终结？

第二组：为无价之宝——虫子设计避难所。这个项目通过研究驱动性问题——我们如何创建迷你动物的避难所，让人们认识到要保护全世界的无价资源——虫子。学生们要各处寻找虫子，进行虫子实验，根据实验设计虫子避难所，然后将虫子的重要性告知公众。

第三组：撰写成就和幸福日记。这一小组通过撰写成就和幸福日记来发展自己的心智习惯。学生们讨论目标的设定、每日要做的常规以及感恩的对象。通过这些方式，学生在每天流淌的生活时光中逐步成长，将点滴进步的习惯纳入日常生活。

第四组：制订减少全球不平等个人计划。这一组将深入探讨引发全球不平等的原因，以及如何制定全球目标（可持续发展目标）来减少不平等。学生需检查这些目标，并制订个人计划，以保证这些目标在个体层面上的实现。

第五组：通过坚毅和反思策略改变日常生活。这组学生每周都会挑战自己，通过跑步、行走或慢跑一英里，并制定心理、情感、心智策略，来改善自己的生活和时间管理。他们还要在游乐场中为每个人设计一条一英里跑步轨道。

进入春季学期，学生们会延续可持续发展项目。此外，也会接触艺术、体育等多元领域的新项目。

第一组：舞蹈项目。学生将与老师、大学的专业人士一起创作。

第二组：斯特拉特福德（Stratford）的隐藏之美在哪里？这是一个摄影项目，学生将使用他们的 iPad 了解镜头的构图和取景。他们每周都会外出拍摄照片，并将这些照片作为最终成果在学校后院的画廊中展示出来。

第三组：我们如何使可持续发展目标成为现实？学生将与企业、环保组织和 3D 打印领域的志愿者合作，创建一种可以体现可持续发展目标的产品，并在创客嘉年华上展示该产品。

第四组：我有成为体育领袖的条件吗？学生将通过努力成为体育领袖。

进入夏季学期，项目开展分为两个阶段。在第一阶段，有一组学生仍将延续可持续发展项目，但是会进一步拓展到 3D 打印并出售产品以资助这一领域的项目研究。此外，八年级的夏季项目将会与九年级衔接，这个项目将持续整个夏季。其余学生将会接触人体解剖、游戏、历史等多元领域的项目。

第一组：人体解剖项目。每周都有学生研究不同的身体器官，他们还会参观人体世界展览。

第二组：游戏项目。学生努力编写自己的原始计算机游戏代码，并设计可实际运行的游戏。

第三组：图纸可以保存物种吗？学生制作濒危物种图纸，经过专业设计把这些图纸制作成贺卡包装并出售，获得的钱将由学生捐赠给世界自然基金会。

第四组：历史上的"坏女孩"。学生调查历史上违反规则改变世界的女性。他们设计娃娃服装及其外包装，以代表这些女性。

第五组：创客嘉年华。学生每周与志愿者合作，使用 3D 打印、编码和原型构建进行制作，然后展示产品以帮助实现全球可持续发展目标之一。

第六组：衔接项目。八年级的学生计划、记录他们从初中到高中的过渡。

在第二阶段，学生部分延续上学期的人体解剖项目、衔接项目，同时也开始新的编码、公民权利项目等。这个阶段会强化中学与小学之间的互动，很多项目的开展是用"大同学带小同学"的方式。

第一组：人体解剖项目。延续上学期的项目，每周都要研究不同的人体器官。

第二组：编码项目。学生开发自己的工作坊，以公开展示有关 Scratch、HTML、CSS 和 Python 的编码。有些还将运行 3D 可打印 CAD 设计。

第三组：故事书项目。八年级学生与小学的一个年级学生配对，共同研究，撰写和说明将要出版的原始故事书。

第四组：公民权利项目。学生调查从 20 世纪 50 年代开始至今美国和英国关于公民权利的相关历史。

第五组：电影俱乐部计划。学生使用一系列反乌托邦未来电影作为研究载体来分析"未来会怎样？"的问题。

第六组：衔接项目。延续上一学期的项目。八年级的学生计划、记录他们从初中到高中的过渡。

从上文可见，八年级的项目所覆盖的领域更加宽泛、多元，真实性、社会性和专业性非常强，需要学生在一个特定的领域内与专业人员进行合作，甚至会在连续 12 周中，每周抽一个半天到真实的机构中去和那里的人员共同完成真实的项目。比如，他们会和教育局一起做项目，来提升对于公正的表达技巧；和地方连锁医院一起做项目，来改进他们的午餐菜单。在这样的项目中，学生所产生的项目成果是真实的，可能是一项研究、一个社会媒体运动、一个宣传视频、一件艺术品或一个社区活动的规划等，会对自己、周围群体、某个领域产生实质性的影响。

（四）反思：如何构建有关联性和选择性的项目群？

很多学校苦恼于项目是分散的、孤立的、点上的，P21 学校构建了既有内在关联又给予学生丰富选择性的项目群。这样的项目群需要从学校的顶层来进行策划。

1. 学校对所有项目进行整体规划，平衡项目的延续性、经典性和可选择性

P21 学校的项目规划和实施与 HTH 有显著的不同，HTH 项目的绝大多数主导权留给了教师，而 P21 学校的项目则带有顶层设计的性质。学校会对全校所有的项目进行统筹规划，在保留经典的项目后，会进一步考虑不同年级、学期、年段之间项目的延续性，同时也在中学阶段通过提供不同组别的项目，充分尊重学生的选择性。

2. 项目之间的内部关联体现在大概念的持续发展和贯通上

P21 学校倡导脑—心—手结合的项目，强调发展学生的大概念来塑造他们对世界的理解。在 P21 学校的项目中，我们可以看到大概念不断深化、拓展的方向，体现在项目的螺旋式上升中。基于我们对 P21 学校项目的分析，P21 学校的大概念发展可以概括为如下两种方式。

第一，按照学习进阶的方式，在纵向上不断深化大概念的内涵。上文中"可持续发展"这个大概念，在小学是通过制作机器人来应对真实世界中的环境问题，设计机械原型促进可持续发展；到初中阶段，是通过透视全球不平等的原因，制定全球目标（可持续发展目标）来减少不平等，并深入到更高年段的追问——我们如何使可持续发展目标成为现实？学生通过与真实世界中的技术者合作，创建一种可以体现可持续发展目标的产品，并将产品推向公众。"可持续发展"这一大概念几乎贯穿了学生的整个学习阶段，在不同的项目中学生螺旋式地获得了逐渐深入的理解。

第二，大概念与知识内容之间横向的多元联系。同样的大概念，与不同类型的知识内容相结合，将会拓展对这个主题的深化，并且建立起事实性知识之间的关联，使大概念起到"聚合"的"车轴"作用。以上文中所探讨的"英雄"概念为例，转化为探讨第一次世界大战中的英雄这个项目，并用英雄故事的创作、英雄诗歌创作、表演、拍摄，以及木炭素描等不同的材料、技能、文本类型来丰富学生对这个大概念的理解。

3. 通过 21 世纪技能联结孤立的项目，使它们朝向共同的目标

P21 学校的项目有一个区别于其他学校的典型特征，就是将语言表达能力作为核心的 21 世纪技能融入到项目中，以此联结不同的项目甚至是教师。P21 学校的所有教师都是口语教师。在所有学科领域，P21 学校建立了通过谈话帮助教学，引导学生进行更深层次思考的共识。每门学科都要引导学生理解，语言如何帮助他们分析和学习该学科。P21 学校与剑桥大学共同开发了口头语言表达的框架，将语言表达分成四个不同的部分。

- 身体的：声音、体态语。
- 语言的：词汇、语言的多样性、结构、修辞技巧。
- 认知的：内容、澄清和总结、自我调节、推理、观众意识。

▶社会性情绪的：和他人共同工作、倾听和回应、说话自信。

所有项目的共同特征是构建对话式课堂。在一个充满对话的教室里，学生们可以提出问题、模仿和支持同伴间的对话，教师可以熟练地运用谈话来培养学生的思维。在 P21 学校，学生有大量机会将项目和口语结合起来。

▶集会。学校有各种类型的集会，学生可以使用多样的口头表达的草稿。

▶闪电演讲。学生有机会在一大群观众面前做 5 分钟无笔记的演讲，事先需要就这个主题完成包含 20 张 PPT 的主题探索。

▶哈克尼斯圆桌（harkness tables）。学生围坐在一个巨大的圆桌旁，通过讨论的方式学习知识。这种方式代表发现、有目的的聆听与有同理心的理解。学生需要提前进行大量阅读、独立思考，形成自己的观点，在圆桌会谈中专注于获取他人透露的信息，分析他人发言中的重点，并进行辩证分析。

▶儿童哲学。学生通过刺激物产生多样的想法，他们有机会深入讨论道德问题、与人生发展有关的重要论题。

▶作品集展示之夜。学生向观众讲述他们的学习故事。

▶展览之夜。学生是项目的导览者，他们要站在他们的作品前面，讲解作品背后的思想。

▶真实世界的学习。学生在 2 个为期 18 周的项目中与相关企业和组织进行专业沟通。

▶写作和排练演讲。决定使用什么语调、什么肢体语言等是七年级演讲课的关键工作。该活动涉及整个学校和社区的教师、学生和家长。

▶合作写作和年终表演。这对学生的合作能力提出了真正的挑战，他们需要讨论、辩论，最终完成一个可行的产品，然后向学校和社区表演展示。

在项目中，学生反复、有策略地习得和运用各种口头表达技能，通过类似的模式和思考方法，习得合作的、探究的、反思的语言方式，并潜移默化地形成体现不同学科专业性的语言模式。

三、加拿大BC省：概念为基、能力驱动的区域课程变革

2016 年秋，加拿大 BC 省教育部针对幼儿园至九年级发起了一项新的课程改革，这次改革强调概念导向，注重学生的知—做—理解（know-do-understand，简称"KDU"）合一。2016—2017 学年，BC 省教育部在所有幼儿园到九年级实施新课程，目前延伸到十二年级。

（一）概念为基、能力驱动的 KDU 课程模型

BC 省的新课程变革旨在让学生为未来做好准备。新课程以学生为中心，灵活多变，在保持对读写和计算等基本能力关注的同时，通过概念、能力驱动，支持学生产生更深层次的学习，旨在培养有能力的思考者和沟通者，为学生在不断变化的环境中成功地终身学习做准备。

1.KDU 课程模型

为了实现这一目标，BC 省在所有的学习领域构建了通用的新课程模型，即知—做—理解"know-do-understand"课程模型（此下简称"KDU 课程模型"）[①]，如图 1–3 所示。

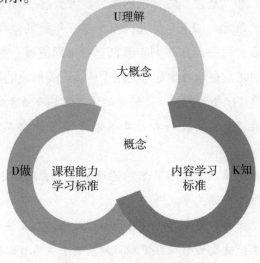

图 1–3　KDU 课程模型

[①] 这一部分内容来自 BC 省的官网 https://www.curriculum.gov.bc.ca/curriculum/overview，以及对 BC 省相关研究者和教师的访谈。

知（know）：学生将要知道的内容主题。每个学科在这部分介绍每一年级学生要学习的基本主题和内容。

做（do）：学生在特定学科领域内需要掌握的技能、策略和方法，表明他们在这个学科中能够做些什么。实践要和具体学科相关，也要和更具一般性的核心素养之间建立联系。

理解（understand）：大概念由这一学习领域重要的结论、原则和概念组成，代表学生在完成这一年级的课程学习之后能够理解的内容。大概念的影响将持续到未来的学习中，而不仅仅是年级结束就结束了。

KDU 课程模型支持学生的深度学习，帮助教师形成个性化的、灵活的、创新的教育路径。在此课程模型中，学生通过掌握学科关键概念和大概念对所学内容产生更深刻的理解，进行创造性的应用，实现素养的转化和提升。上述三个部分综合体现在每个学科的课程目标、课程内容与组织、评价之中。

2. 由概念承载的"理解"

在 KDU 课程模型中，understand 是由大概念来承载的。BC 省的框架没有对"大概念"和"概念"做特别的区分。大概念—概念代表了特定学科中最重要的原则、观念。如下是幼儿园至小学三年级的体育与健康学科。课程的大概念有 5 点，每一点在不同年级都会有不同进展。这 5 个大概念分别描述了相应年段的儿童在学习体育与健康课程后需要形成的持久理解。

- 体育素养 1：每天参加一定强度的体育锻炼有益于健康。
- 体育素养 2：运动技巧和策略有助于学习如何参与不同类型的体育锻炼。
- 健康积极地生活：拥有良好的沟通和情绪管理能力可以使我们发展和保持健康的人际关系。
- 社交健康：我们的身体、情感和心理健康是相互关联的。
- 心理健康：健康的个人习惯和有效的安全策略可以保护自己和他人。

在纵向上，大概念会从幼儿园一直发展到十年级。以上面第 3 点为例，从幼儿园至十年级沿着这一方向，不断开拓新意义，形成新理解。

- 幼儿园至一年级：了解自己和他人有助于我们建立积极的态度和关心

他人的行为，从而有助于我们建立健康的人际关系。

▶ 二至三年级：拥有良好的沟通能力和情绪管理可以使我们发展和保持健康的人际关系。

▶ 四至五年级：建立健康的人际关系可以帮助我们感受到联系、支持和重视。

▶ 六至七年级：我们在生活中经历了许多变化，这些变化影响着我们如何看待自己和他人。

▶ 八至十年级：健康的人际关系可以帮助我们度过充实和有价值的生活。

3. 由能力驱动的"做"

BC 省的新课程以能力（competencies）为驱动。能力不再被狭隘地等同于技能，而代表了技能、过程、行为和思维习惯的组合，代表了更广泛和更具有适应性的成就，其实就是素养。在 BC 省，能力是指学生在特定学科或学习领域内完成预期任务的能力。学生能够胜任某一领域的学习，意味着他们能够理解并将知识应用到新的环境中。BC 省界定了以下两套能力。

（1）核心能力（core competencies）

BC 省的核心能力是贯通整个课程的能力，所有学生都需要这些能力来进行深入的终身学习。BC 省提出了三个核心能力系列——沟通能力、思维能力、个人和社会能力。

▶ 沟通能力：与他人进行良好互动时所需要的一系列的知识、技能和性情。通过沟通交流，学生获得思想和信息，与他人建立联系，分享他们的思想，表达个性，促进学习，完成事情。沟通能力是找到满足、目标和快乐的基础。

▶ 思维能力：与智力发展相关的一系列知识和技能。正是通过这些能力，学生才能掌握特定学科的概念和内容，并将其转化为新的理解。思维能力包括批判性思维、创造性思维、元认知等。

▶ 个人和社会能力：与学生在世界上的身份认同相关的能力，无论是作为个人还是作为社区和社会的成员。个人和社会能力包括积极的个人 / 文化认同、个体意识和责任、社会意识和责任。学生要能理解和关心自己和他人，以及在世界上发现和实现自己的目标。

这些能力都按照从低到高的表现细分为从 1 至 6 的等级。在学生进入学校之前，核心能力的发展就已经从家里开始，贯穿他们的一生。学生有机会在正式和非正式的环境中发展他们的能力，从相对简单和高度支持的情境开始，然后到更复杂和多样的情境中深化。能力的发展并不会随着学校毕业而结束，而是会在各种真实环境中继续进行。

（2）课程能力（curricular competencies）

课程能力是和每个学科相关联的，体现为每个年级在每个学习领域的期望。课程能力是学生随着时间发展的技能、策略，表现为学生能够在这一学科领域内"做事"。虽然课程能力是针对特定学科的，但它们与普适的核心能力也是相关的。我们以体育与健康课程能力为例，它与前面所列的 5 个大概念相匹配，形成不断上升的趋势。以一年级课程能力为例，见表 1-2。

表 1-2　体育与健康课程能力

体育素养	健康积极地生活	社交健康	心理健康
·在各种体育活动和环境中发展和展示各种基本运动技能（幼儿园至二年级） ·描述人体在各种环境中参与体育活动的反应（幼儿园至一年级） ·展示体育活动中的安全性、公平竞争和领导力（幼儿园至九年级）	·每天参加中等强度到强烈程度的体育锻炼（幼儿园至四年级） ·利用学校、家庭和社区中的各种机会锻炼身体（幼儿园至一年级） ·识别和探索各种食物，并描述它们如何促进健康（幼儿园至一年级） ·做出有助于身心健康的选择（幼儿园至一年级） ·识别各种来源的基本健康信息	·描述预防和应对各种不安全和不舒服情况的方法 ·与他人一起参加活动时养成并表现出尊重的行为（幼儿园至二年级） ·识别同学之间和家庭内部的关爱行为（幼儿园至一年级）	·确定并描述促进心理健康的做法（幼儿园至一年级） ·识别并描述感受（幼儿园至一年级） ·确定个人技能、兴趣和爱好（幼儿园至一年级）

能力的形成是一个持续、长期的过程，也有其阶段性。从表 1-2 可见，有些能力只在某一个年级或跨越一两个年级，比如"与他人一起参加活动时养成并表现出尊重的行为"；而有些能力会从幼儿园延续到四年级，如"每天参加中等强度到强烈程度的体育锻炼"；甚至从幼儿园延续到九年级，比如"展示体育活动中的安全性、公平竞争和领导力"。

4. 由课程内容支撑的"知"

课程内容是组成某一学科的具体知识。在 KDU 中，"知"部分是教师最熟悉的。长时间以来，课程标准等同于内容标准，是对内容的规划，而且是以年段来划分的。与以往不同的，BC 省的课程标准中只有"知"是对内容的描述，且与大概念和课程能力相匹配，每一个年级都有。如下同样以体育与健康课程为例，呈现幼儿园至三年级的课程内容的描述，见表 1-3。

表 1-3　幼儿园至三年级的体育与健康课程内容

幼儿园	·基本运动技能 ·如何参加不同类型的体育活动，包括单人和多人活动、有节奏的活动和游戏	·食物、水分与健康之间的关系 ·练习促进身心健康的做法 ·身体部位的名称，包括男性和女性的私密部位 ·适当和不适当的接触方式	·团体和家庭中的关怀行为 ·情绪及其成因	·不同类型的物质危险和潜在的不安全情况 ·健康信息的可靠来源
一年级	·基本运动技能 ·如何参加不同类型的体育活动，包括单人和多人活动、有节奏的活动和游戏 ·不同活动对身体的影响			·不同类型的物质以及如何安全使用或避免使用它们 ·危险和潜在的不安全情况 ·健康信息的可靠来源
二年级	·基本运动技能 ·监测体力消耗程度的方法 ·如何参加不同类型的体育活动，包括单人和多人活动、有节奏的活动和游戏 ·体育锻炼对身体的影响	促进身心健康的实践，包括与体育锻炼、营养和疾病预防有关的实践	·管理和表达情绪 ·影响自我认同的因素	·获取健康信息的策略 ·在潜在危险、不安全或虐待情况下使用的策略和技巧 ·物质的影响以及防止人身伤害的策略
三年级	·基本运动技能 ·运动概念和策略 ·监测体力消耗程度的方法 ·如何参加不同类型的体育活动，包括单人和多人活动、有节奏的活动和游戏	·促进身心健康的方法，包括与体育锻炼、睡眠和疾病预防有关的方法 ·营养和补水的选择，用以应对不同的活动	·欺凌的性质和后果 ·忧虑与恐惧之间的关系 ·影响自我认同的因素	

从上述课程内容来看，BC省的体育与健康课程的内容是非常丰富的，而且课程内容与课程的大概念、课程能力相匹配。大概念、能力、知识三者交织在一起。

（二）课程模型转化为学习和评价

BC省的KDU课程模型作为顶层架构，是如何转化为具体的学习和评价实践的？可以归纳为以下三条路径：

1. 进行灵活而个性化的学习环境设计

BC省新课程强调学习可以在任何地方进行，而不仅仅是在教室里，鼓励教师们进行混合年级的教室设计和配置，因为这样可以更容易将学生看作一群有各种需求和兴趣的学习者。BC省灵活、个性化的课程结构支持这样的跨年级的学习环境设计。BC省此次课程变革也非常强调技术的作用。他们提出，技术可以促进学生、教育工作者、家长和教师之间的合作，同时也为学校提供丰富的在线资源。学习和技术领域的结合也为教师和学校以创造性的方式利用时间和空间打开了大门。

2. 综合基于问题／探究／项目的学习方法

BC省认为，通过倡导带有通用性质的核心能力和带有具体领域性质的课程能力，学生一定会形成自己的问题，而这些问题为教师提供深入思考的机会，引发更为丰富的师生对话。BC省的课程改革倡导多种学习方法，而所有的学习方法都指向学生问题的提出和解决。其倡导的学习方法有：

- 调查；
- 项目化学习；
- 问题式学习；
- 自我评估；
- 研究技能；
- 科学方法。

3. 聚焦"学科实践"进行评价

BC省的新评估强调让学生表现出"他们能够做什么"。BC省对能力发展（学生可以做什么）的关注影响了教师的课堂教学和评估实践，教师需要通过形成性评估来记录与学习标准相关的学生进步情况，回答"学生现在在哪里"以及"学生下一步要到哪里"，以此来支持学生的课程能力和核心能力的发展。

图 1-4 呈现了从课程能力到实际课堂应用的路径：从 BC 省层级的课程能力的研读和设计开始，到形成不同类型的评估准则，再到确认幼儿园至九年级的具体评估准则的分布层级，最后再到课堂中进行应用。

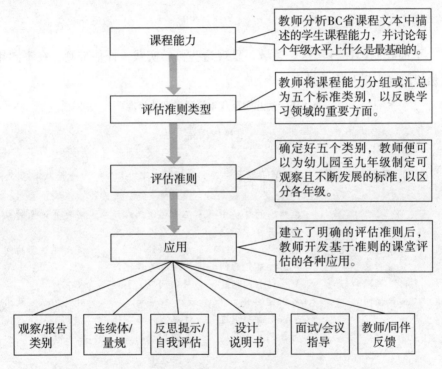

图 1-4　从课程能力到实际课堂应用的路径

这一流程将教师的评估能力放在了极其重要的位置。虽然 BC 省在区域层面上给出了顶层规划，但是核心的分解和解读都是由教师进行的。表 1-4 呈现的是科学等四个学科的评估准则。从中可见，评估准则刻画了这些领域的学科实践，反映了这些领域独特的学科"做事"的规范。

表 1-4　科学、英语语言艺术、社会研究和数学学科的评估准则

科学	英语语言艺术	社会研究	数学
提出问题	投入和提出问题	探询和提出问题	提出问题与调查
程序和证据	加工	证据与解释	建立联系与反思
分析	分析	分析	推理与分析
伦理	识别身份和声音	道德与决策	理解与解决
沟通交流	建构与创造	沟通与辩护	沟通与表征

　　下面我们选择科学这一领域，呈现这些科学实践（评估准则）在不同年段是如何逐步提升的（见表 1-5）。

表 1-5　幼儿园至八年级科学评估标准

评估准则	评估标准			
	幼儿园至二年级	三至四年级	五至六年级	七至八年级
提出问题	·在熟悉的环境中观察对象和事件 ·利用观察和好奇心来提问	·在熟悉的环境中观察并记录对象和事件 ·提出观察到的问题，这些问题是可探究的 ·根据先前知识进行预测	·在不熟悉的环境中观察并记录对象和事件 ·询问有关观察结果的问题，引起科学探究 ·对他们的科学探究做出预测	·观察并记录对象和事件 ·提出观察到的问题，引起科学探究 ·对科学探究做出预测 ·提出假设
程序和证据	·安全地使用材料 ·收集简单数据	·提出各种规划探究及安全地进行探究的方法 ·收集数据并进行简单的排序和分类 ·识别来自多个来源的数据	·选择适当的方法和材料，在支持下安全地进行探究 ·研究对单个变量的更改 ·以多种方式选择测量和记录数据 ·从多个来源收集和组织数据	·选择适当的方法和材料安全地进行探究 ·测量和控制变量 ·使用多种工具准确收集和记录数据 ·查找和使用多个来源的数据

续表

评估准则	评估标准			
	幼儿园至二年级	三至四年级	五至六年级	七至八年级
分析	·以多种方式表示简单数据 ·讨论观察的结果	·使用给定的方法（如表格、图形）表示数据中的模式和关系 ·使用数据推断预测与结果之间的关系 ·反思证据以确定调查是否公正	·使用多种方法表示数据中的模式和关系 ·使用数据来支持结论 ·找出可能的错误来源并完善调查方法 ·表现出对新想法的开放性，并确定次要来源中的假设	·以多种方式识别和表示数据中的模式和关系 ·使用数据来支持结论 ·找出可能的错误来源并完善探究方法 ·识别主要和次要来源中的偏见和假设
伦理	—	设计探究时考虑道德责任	识别调查中的社会、道德和环境影响	在探究中评估社会、道德和环境影响
沟通交流	交流反映个人经历的观察和想法	阐述反映个人或共享经验的想法和过程	阐述反映自己或他人经历的想法和过程	·清晰简洁地传达科学思想和信息 ·通过多种方法表达和反思

（三）典型项目：初中跨学科项目"设计和销售产品"

　　我们选择八年级的跨学科课程案例"设计和销售产品"来具体分析。这一课程案例具有典型的项目化学习特征，涉及数学、应用设计与技术、英语语言艺术三个学科。学生需要理解成本、利润等概念，并经历从设计到营销产品的整个过程，并且对这三个学科中的大概念有深入的理解。学生所经历的跨学科过程是自然的，而不是牵强的。学生要理解，要取得成功，重要的是要有创意、良好的沟通技巧以及对财务知识的扎实理解。

1.大概念

项目涉及数学、应用设计与技术、英语语言艺术三个学科，为此，首先要澄清这三个学科在这个项目中的大概念。

- 数学：数字是表示、描述和比较比率、比例和百分比的量化形式。
- 应用设计与技术：设计是对已经确定的需求的响应。
- 英语语言艺术：对我们听到、读到和看到的内容提出疑问，将有助于我们成为受过教育的良好公民。

2.核心能力

项目涉及沟通、创造性思维、积极的个人和文化认同等跨学科能力。这些核心能力都是通过"我可以"的方式进行陈述。

沟通：通过共同协作来制订计划，执行并回顾反思整个过程和活动。

- 我可以与其他人一起实现共同的目标。
- 我可以尽我所能。
- 我可以在小组中担任角色和职责。
- 我可以总结关键思想并确定我们达成共识的方式。

创造性思维：发展多样的观点。

- 我可以让自己的想法起作用，或改变自己的工作方式。
- 我可以坚持不懈地运用创造性思维，让我的想法在给定的形式、问题和材料的约束下也产生作用。
- 我可以使我的想法付诸实践，即使需要尝试几次，通常也能成功。
- 如有必要，我可以坚持不懈地发展自己的想法。我容忍模棱两可、失败和挫折，以此推进我的思考。

积极的个人和文化认同：个人价值观和选择。

- 我可以说出什么对我重要。
- 我可以解释我的价值观是什么，以及价值观如何影响我的选择。
- 我可以说出我生活中的一些重要方面如何影响了我的价值观。我了解自己的价值观如何影响我的选择。

这个项目还会涉及核心能力的其他方面，但是不作为评估的方向。

- 沟通：与他人建立联系并互动，以分享和发展想法。

⬤交流：获取、解释和呈现信息。

⬤创造性思维：新颖性和价值（创新），产生想法。

⬤批判性思维：开发和设计。

3.课程能力和课程内容

这一项目主要指向数学能力，但也涉及英语语言艺术、应用设计与技术等其他学科。在数学上，这项学习活动旨在让学生有机会应用比例推理并达到深度理解。通过为学生提供机会让其进行选择，反思自己的价值观、创新和创造。这项活动将促进学生的参与并强调数学素养的相关性，增强学生的自信心和数学学习乐趣，促使他们保留这些技能并在生活中运用它们。

数学的课程能力：

⬤通过游戏、探究和问题解决来发展、演示和应用数学理解；

⬤使用工具或技术探索和创建模式和关系，并测试猜想；

⬤将数学概念彼此联系起来，并与其他领域和个人兴趣联系起来。

数学的课程内容：

⬤数字；

⬤比例；

⬤推理；

⬤财务知识。

应用设计与技术的课程能力：

⬤产生潜在的想法；

⬤加入他人的想法；

⬤根据标准和约束筛选想法；

⬤评估个人、社会和环境影响以及道德考量；

⬤选择一个想法去努力实现。

应用设计与技术的课程内容：

⬤产品或服务的开发，包括其功能和优点；

⬤可能影响潜在客户或购买者的广告和营销形式。

英语语言艺术的课程能力：

⬤认识并欣赏文本的不同特征、形式和体裁如何反映出不同的目的、受众和相关信息；

▶ 使用写作和设计过程来计划、开发和创建引人入胜的有意义的文学和信息文本，以用于各种目的和受众。

英语语言艺术的课程内容：

▶ 视觉文本和图形文本的元素；

▶ 结构和约定俗成的说法；

▶ 口语的特点；

▶ 演讲技巧。

4. 形成整个单元的学习目标

根据上述分析，整个单元对学生是有挑战性的。学生有时要像生产者一样思考，有时又要像消费者一样思考。在设计和销售产品时，他们不仅需要考虑如何制作最好的产品，还需要考虑消费者的需求和期望。在整个课程中，学生要在这些不同观点之间切换。单元的学习目标简要表示如下：

▶ 使用比例推理和比率计算单价和最佳购买方案；

▶ 使用适当的技术（电子表格程序）支持单价计算；

▶ 通过应用创意设计，计算单价并考虑个人价值来开发产品，决定其价格；

▶ 为文字类、图形类、口头陈述类产品制作广告，影响潜在的购买者；

▶ 与同伴合作，以生成、开发、完善和实施产品构想，进行产品设计和营销。

5. 项目实施过程

（1）入项

入项可邀请企业家谈论他们在设计和销售产品方面的经验，让学生观看相关的视频，引导学生讨论和头脑风暴：设计和销售产品，需要考虑哪些问题？在学生回答后，教师了解学生对这个问题原初的理解水平，以和项目开展之后学生的发展进行比较。学生在入项中提出的问题包括：

▶ 制造产品要花费多少钱？

▶ 我可以从哪里获得材料？

▶ 人们想要哪种产品？

◉ 人们在选择产品时会考虑哪些价值或个人喜好？

…………

（2）探究一：产品的成本是什么？

项目的第一部分是让学生理解成本以及与成本有关的一系列概念，如单价、购买的组合、产品的定价等。

教师向学生展示不同形式的单价示例，如每件商品、每体积、每重量的成本。在不解释如何做的情况下，让学生设计具有不同单位成本的相似产品、不同折扣等确定最佳购买方式。

为了让全班学生思考制作产品的过程，教师展示一个通用的、设计简单的产品（如桌子、垫子、珠宝或衣服），然后问：在决定此产品的价格时必须考虑什么？可以用一系列的问题引发学生思考：

◉ 产品如何定价？ 生产者如何决定他们的产品的成本？

◉ 为什么单价对于做出花费决定很重要？

◉ 制造产品需要采取哪些决策和行动？

◉ 什么使产品畅销？

◉ 什么是利润？ 为什么重要？

◉ 哪些产品符合你的价值观和兴趣？

在讨论产品的售价时，教师还引入了最佳定价的概念。产品的最佳定价是使利润最大化的价格。如果产品的价格太低，消费者可能会认为它便宜。如果产品的价格太高，则可能没人购买。因此，设定价格不仅与制作产品的成本有关，还与消费者将支付的价格以及该产品与类似产品的比较方式有关。

（3）探究二：成功的产品意味着什么？

这一部分需要引导学生探索什么是成功的产品，并达成共识。其实质指向设计领域的大概念：设计是对已经确定的需求的响应。教师引入一些满足人们特定需求的产品作为示例：引入手提电脑以满足人们携带计算机的需求，研发无人驾驶汽车以满足日益繁忙和移动社会的需求等。通过这些创新且满足人们需求的产品示例让学生思考什么是成功的产品，比如有创造性、产品外观和体验很吸引人、产品满足其目标市场的需求等。当学生对此有所理解后，教师可以和学生一起创建一个衡量成功产品的量规。

（4）探究三：如何设计不同类型的产品？

学生在这一部分可以选择不同类型的产品进行设计。学生可以使用简单的材料，亲手设计和制作独特的产品，从而激发创造力和创新能力。学生可以选择制作工艺品，收集家里可用的各种材料，如彩色细绳、木棒、塑料珠、彩色纸、胶水、胶带等制作工艺品，学生需要为每种材料确定单位成本（例如，几条小珠5美元，一米胶带2美元）。学生分成2—4人的小组，设计产品，绘制草图并简要描述他们的想法。学生还可以使用代币来"购买"材料。他们需要决定购买每种材料可以支付多少钱，然后在电子表格中输入他们购买的每种材料的单位成本和数量。学生的产品需要满足一些限制性条件，比如总价不能超过50美元、必须包含5个部分等，学生利用创客大会的网站来出售这些产品。

（5）探究四：利润可以定为多少？

学生进而探究利润。在决定产品的价格之前，学生应该对利润及其用途有一个很好的了解。他们需要在课堂上讨论：利润是什么意思？是否需要利润？如果需要利润，为什么？多少就足够了？什么是利润率？

（6）探究五：如何销售自己的产品？

学生要实际营销产品并制作广告，因此要了解广告是营销的关键要素之一，其他要素包括产品放置、定价和促销等内容。他们需要讨论：

- 使用哪种营销方法？
- 是什么使产品看起来吸引人？
- 哪个传单／广告看起来最好，为什么？
- 零售商如何进行"交易"？
- 如何确定这是否是一笔"划算的交易"？

给学生提供有关单位成本的现实交易示例，并让他们确定是否会真正省钱。在这一部分，学生可以制作多种类型的广告，如传单或小册子（涉及与"视觉／图形文字元素"有关的内容）、广播广告或口头营销（涉及与"口头语言特征"有关的内容）。学生还需要判断班级所共创的广告的质量。

（7）出项

项目最后是用真正的购物来作为出项。每个小组都可以张贴广告建立市场，学生可以彼此购买产品。学生获得代币，每个团队都要出示自己的产品、产品广告、设计图纸或说明，参加出项的其他学生需要购买产品。购买产品时，他们还必须填写"购物者选择单"，以说明他们选择该产品的原因。有趣的是，这个项目还进一步纳入了跨学科的社会研究，给每个学生相同的金额或不同的金额，可以引发学生对收入不平等的根源和影响的讨论。

（四）反思：大概念如何落地到课堂实践？

加拿大 BC 省本次的新课程以概念为基、能力驱动，这和我们国家当前素养导向的改革方向是一致的。加拿大的课程实践给出了更为详细的整合，并将带有通用性质的核心能力、带有具体领域性质的课程能力通过整体规划结合在一起，又通过课堂评价引导将大概念、能力落地。

1.从顶层规划大概念—核心能力—课程能力—课程内容四位一体的结构，并一以贯之到单元

当前我国的课程改革是通过学科核心素养来转化落地的。在将学科核心素养转化为课堂实践时，现实中往往遇到的问题是，在强大的考试面前，课程标准作为目标系统，落地到课堂层面师生更关注知识维度。

BC 省同样提出了类似的思路，但是从课程方案、标准的架构来看，更加明确地分解成大概念—核心能力—课程能力—课程内容四位一体的结构。这四个要素共同组合形成 BC 省的学科核心素养，并在课程标准和评价中给出了明确的界定，这就从顶层关注大概念，知识、能力相互交织、不可分割。进而，在每个学科如数学、科学、社会中，BC 省给出一整套的材料供教师参照：

- 引导性的材料；
- 核心能力的描述；
- 大概念的描述；
- 内容的描述；
- 课程能力的描述；
- 支持性的材料。

而教师在设计单元教学时，目标定位就参照这一整套描述，对主题进行

更深入的探索，让学生获得更深入的理解，在设计中平衡对事实信息的研究、对概念的理解和学科技能的发展三者之间的关系。

2. 从区域层面给出每个学科在每个年级的大概念发展进程，并以此来聚合具体的内容知识和能力

《普通高中课程方案（2017 年版）》明确强调，"以学科大概念为核心，使课程内容结构化"，"促进学科核心素养的落实"。

大概念之所以得到各国课程标准研制的关注，在于大概念指向课程标准一直以来难以解决的知识的广度和深度之间的矛盾。当知识越来越多，不是做知识的叠加，而是要找到一个具有黏合性的概念，通过这个概念来理解其他的各类概念，就像滚雪球一样，又像一个透视之眼，能够引导教师看到其中的核心，使离散的事实和技能相联系并具有一定的意义。（Fulmer et al.，2018）当学生能够解说新学的内容同已知内容的关联，并且这种关联的数量和强度越大，学生理解得就越透彻。（Hiebert et al.，1992）

诚如上文所分析的，BC 省的课程是将大概念整合在一起，形成概念导向的课程架构，并且给出了每个学科在每个年级的大概念发展进程。大概念的聚合能力体现在两个方面：一个是如上文的体育与健康课程所示，在大概念下用具体的内容概念来定义与这一年段相关的知识和技能标准，聚合具体的知识和能力；第二个是用大概念建立不同学科内容之间的联系，如引导学生探索"模式"这个大概念是如何在文学、地理和物种进化中反复出现的。

3. 以课程能力作为评估的方向，支持大概念落地转化为在学科中"做事"

虽然 BC 省综合了大概念、核心能力、课程能力、课程知识，但是在评估的时候却是以"做事"作为评估的方向，这是一个非常大的改变，意味着命题方式的变化，采用表现性的、过程性的评价方式以评估学生运用学科知识做事、进行学科课程实践方面的表现。

有鉴于此，BC 省用了极大的精力来提升教师的评估素养，制定了各学科领域的评估样例。BC 省认为，教师的评估素养是支持和增强学生学习能力所必需的，教师要理解和评估原理与实践的应用。BC 省的教师需要通过如下内容反思自己的评估素养。

▶ *通知指令：我使用从评估中收集的信息来指导和转换指令。*

- ▶支持学生的自主权和代理权：我通过在整个学习过程中鼓励反思，运用同伴和自我评估来支持学生成为具有自我意识的倡导者。

- ▶合作与共建：我与学生合作共同创建评估标准，帮助他们识别、发展并清楚地传达描述成功绩效的标准。

- ▶差异化的教学和学习机会：对我的学生而言，学习和设计差异化的教学活动和评估对促进他们核心能力的发展和学习水平的提升至关重要。

- ▶计划、解释和反思：我有计划地进行评估，准确地解释数据，并使用收集到的证据来支持进一步学习。我会反思自己的教学，并评估教学的有效性。

- ▶专注：评估时，我始终专注于重要的事情，不受不重要因素的干扰。我可以为学生提供很多选择和机会来证明他们的学习成果。

- ▶促进成长：我可以在提供描述性反馈并帮助学生设定可实现的目标时，通过关注学生的优势来塑造和鼓励学生的成长心态。

四、新加坡：作为21世纪素养课程和测评载体的项目

为什么要研究新加坡？新加坡的教育有相当多的方面值得我们学习，在教育政策上，它很早就开始关注我们今天非常强调的思维、创造性、问题解决等重要的通用能力，而且将这些目标落地在基础教育中，产生了卓著的成效。

在国际数学、科学趋势研究（Trends in International Mathematics and Science Study，TIMSS）、PISA 测试中，新加坡学生的表现都很突出。在 2015 年的 PISA 测试中，新加坡学生的数学、阅读、科学和协作式问题解决能力（Collaborative Problem Solving，CPS），在参与调查的 52 个国家和地区中位居第一。（马娜，2017）而且，这些教育的成果延伸到中学后教育。2016 年，经济合作组织成人能力国际评估计划（Programme for the International Assessment of Adult Competencies，PIAAC）结果显示，16—34 岁的新加坡年轻人在信息技术飞速发展的大环境下，解决复杂问题的能力要优于大多数经合组织成员方同龄段的年轻人，这些教育的奠基进而影响新加坡国民的真实素养。在世

界知识产权组织 2016 年 8 月发布的 2016 年全球创新指数排名中，新加坡排名全球第六，新加坡因此被称为"亚洲创新之都"。

（一）新加坡的项目工作是什么？

新加坡的项目工作（project work，简称 PW）从 2000 年开始，既是课程，又是测评。项目工作为学生提供整合不同领域知识的机会，使他们在真实情境中批判性、创造性地运用这些知识，以获得合作、交流以及独立思考的能力，为终身学习与应对未来做好准备。

1. 新加坡项目工作产生的政策土壤：对思维的持久关注

在如何培育思维和促进学习这条路上，新加坡走过了一系列持久而重要的历程（塔克，2013），这些都是项目工作生发的土壤，在此我们列出了其大致历程：

- 1987：启动柯尔特思维项目（Cognitive Research Trust Thinking Programme）；
- 1994：发布《学习框架的维度》（*Dimensions of Learning Framework*）；
- 1997：提出"思考型学校，学习型国家"（Thinking School Learning Nation）；
- 2000：修订课程大纲和教材，将思维技能纳入其中；
- 2000：提出"项目工作"（project work），培育创造性和批判性思维技能；
- 2004：提出"少教多学"（Teach Less, Learn More，TLLM）；
- 2009：发布《理想的教育成果》（*The Desired Outcomes of Education*，*DOE*）；
- 2014：根据《理想的教育成果》设置的目标又制定了《21 世纪素养》（*21st Century Competencies*）。

根据新加坡教育部（MoE，2019）的最新文件，新加坡理想的教育成果最终表现为四个教育目标：充满自信的人、主动学习的人、能做出贡献的人和心系祖国的人。这些"理想的人的形象"表现为具有三大类"21 世纪素养"。

⊙ 核心价值观：尊重、责任感、正直、关爱、坚毅不屈、和谐；

⊙ 社会交往和情绪管理能力：自我意识、自我管理、社会意识、人际关系管理、负责任的决策；

⊙ 21 世纪竞争力：公民意识、全球意识、跨文化沟通能力、批判性思维与创造性思维等。

项目工作自 2000 年提出后，就被作为新加坡创造性、批判性思维技能培育的载体，而在《理想的教育成果》和《21 世纪素养》中，进一步强调要为学生的学习创设有意义的情境，形象化再现问题。通过引入项目工作，旨在让学生学会如何学习，掌握元认知和思考的技巧，学会在团队中共同协作，探索与创造新的知识，应对模糊的环境以及无法预测的问题，实现创新。（师曼 等，2016）它们之间的关系可以用图 1-5 来表示。

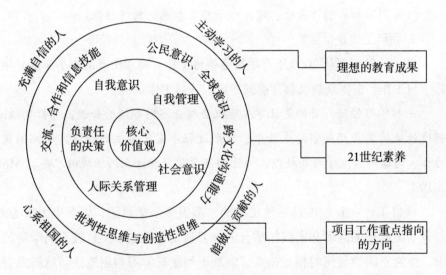

图 1-5　新加坡理想的教育成果—21 世纪素养—项目工作之间的关系

在 21 世纪素养的培育中，新加坡教育部延续一贯的传统，要求将 21 世纪素养全面融入国家课程，显性教授 21 世纪素养。因此，新加坡有很多国家课程在课程标准的顶层定位中带有浓厚的思维导向，强调项目、创作等方法。

⊙ 数学课程关注问题解决的教与学，引导学生在现实情境中运用数学模型与数学思维模式。

▶人文学科课程加强培养学生的探究思维，要求学生提供证据、论证自己的观点。

▶汉语课程要培育学生获取知识、建构知识和应用知识，以及分析、解决问题的基本能力，包括思维能力、自学能力、社交技能与情绪管理能力、资讯科技运用技能和跨文化沟通技能。

▶ Design & Technology（DT）课程要求学生设计项目。学生根据给定的主题进行设计，运用技术产生指向设计理念和他人需求的手工艺品。

▶美术课程强调在艺术作品的准备、探索和产生阶段都要发展和评估思维技能；学会运用适当的媒体和技术来表达艺术意图；提交最终的要接受评价的艺术作品时也要提交研究报告。

▶音乐课程注重音乐思想的质量和创造性，学生要学会用给定的文本作为刺激物来创作音乐，建立音乐与文本意义的呼应性。

2.项目工作是什么？

新加坡教育部从 2000 年开始实施项目工作，要求所有的中小学都必须实施项目工作。根据新加坡教育部的界定，项目工作是：

一种学习经验，目的是让学生有机会综合不同领域的知识，并批判性地、创造性地将其应用到实际生活中。这个过程丰富了学生的知识，使他们获得协作、沟通和自主学习等技能，为他们终身学习和未来的挑战做准备。（MoE，2019）

项目工作在新加坡是一种长期的、覆盖多个学科的、以学生为中心的、与现实生活中的问题和实践相结合的学习活动，鼓励学生打破不同学科的界限，探索不同学科间的相互关系。以基于问题的学习与创造性问题解决为途径，涉及知识运用、合作、交流与独立学习等领域。实施项目的中小学享有设定项目任务的自由。（师曼 等，2016）

项目工作的目标（MoE，2019）是让学生：

● 应用创造性和批判性思维技能；

● 提高沟通技巧（口头和书面）；

● 培养协作学习技能；

● 培养自主探究和终身学习技能。

项目工作的学习成果分为如下四个领域，这四个领域并不是割裂的，而是动态地相互作用。具体是指（MoE, 2019）：

- 知识应用：学生将获得在跨知识领域建立联系的能力，以及产生、发展和评估想法和信息的能力，以便将这些技能应用到项目任务中。
- 交流：学生将获得有效沟通的技能，并以书面和口头形式向特定听众清晰连贯地表达思想。
- 协作：学生将通过在团队中工作来获得协作技能，以实现共同的目标。
- 自主学习：学生将能够自己学习，反思自己的学习，并采取适当的行动来提高自己的学习效果。

3. 项目工作的实践载体：课程与评价

新加坡的项目工作主要表现为课程和评价两种实践载体。

作为课程载体。新加坡教育部鼓励中小学围绕上述目标和领域进行各年段自主的项目开发，在不同的年段有各自的重点。

在小学和中学，建议在小学三至五年级、中学一年级至三年级实施项目工作。到 2002 年，所有小学和中学预计将实施至少一级的项目工作。

作为评价载体。将项目工作纳入高利害的大学入学测试。新加坡从 2005 年开始，将学生的项目学习纳入全国考试，成为预科学生（相当于我国的高中学生）考试的重要科目之一，占大学录取总分的 10%。学生在大学入学前均需完成一个小组项目，其项目工作被用来评价学生的思维、研究能力。接下来我们将探讨这两种类型的项目工作。

自项目工作实施以来，许多当地的研究表明，项目工作锻炼了学生的思维，提高了学生的合作与沟通、问题解决以及自我调控能力。（刘红 等，2008）

（二）作为评价载体的项目工作

在当今充满活力、瞬息万变的世界里，学生需要学习如何处理各种议题和复杂的信息。作为评价载体的项目工作考查学生的研究能力，它要求学生综合运用各种研究方法，解决问题，形成研究报告，并演讲交流。项目工作主要评估两个目标：知识应用和交流能力。

1. 测评内容

项目工作指向变化的社会趋势和应对社会需求，其指向真实情境的特征非常明显。本书列出了 2012—2013 年两年的四个项目工作的题目，以让大家对项目工作到底考核什么有所了解。

2013 年：

"获取权益"

目标：鼓励学生考虑获取相关权益的问题，以及如何为特定类型的人群提出改进获取权益的方式。

项目描述和要求：

- 确定一个社区，其中获取某种服务或资源（如获取自然资源、教育资源、医疗、住房等）是一个重要的问题，并解释为什么存在这个问题及其对社区的影响。
- 制订计划，消除或减少问题的影响。

"选择"

目标：鼓励学生考虑选择在当今世界的重要性和影响，以及对如何帮助人们做出更明智的选择提出建议。

项目描述和要求：

- 确定一个领域（如消费品和服务、休闲、政治、经济等），人们在一个领域产生的影响可能会涉及更广泛的社区，并解释这些选择对社区积极和消极方面的影响。
- 给出一些建议，让人们了解他们的选择更广泛的影响，从而鼓励或阻止特定的选择。

2012 年：

"尤里卡时刻"（That Eureka Moment）

目标：鼓励学生在一个特定的领域探索世界的发明或发现，然后运用这些发现让社区获益。

项目描述和要求：

- 确定一项发明或发现（如在科学技术、医药、交通、设计和建筑、消费品和服务等领域），并展示它的影响。

◗对所选择的发明或发现如何适应社区的需要提出建议。

"不浪费，不愁缺"（waste not, want not）

目标：鼓励学生考虑特定地区的浪费问题，并提出减少这种浪费的方法。

项目描述和要求：

◗确定一个区域在某些方面（如任何自然资源、金钱、时间、食物、机会等）的浪费情况，并说明这种浪费目前和未来的影响。

◗制订计划，向社区中的特定群体强调这个问题，并提出可能减少浪费的方法。

项目工作的题目范围非常宽泛，具有我们所说的本质问题、大概念的特征，学生需要根据这些抽象的概念或问题找到现实中的问题，并通过对现实而复杂问题的深入研究来进行理解和迁移。

2. 主要的测评方法

面对上述题目，学生们随机分组，以 4—5 人为单位组成小组，小组成员要在 26 周内完成项目，每周有平均 2.5—3 个小时的项目时间，总共 60—75 个小时。学生需要对这些题目有良好的构想，如"浪费"这个题目，需要选定一个领域，评估其适用性，如可以解决学校纸张的浪费问题，然后分析和评估搜集到的信息，准备口头陈述以及提交书面报告。

项目工作的研究成果以书面报告、口头陈述、小组项目档案三种方式呈现。书面报告与口头陈述旨在评价学生对核心学术内容的应用以及交流、合作与学习能力等 21 世纪素养；小组项目档案旨在评价学生的学习能力，反映学生进步的轨迹以及他们面临的挑战和取得的成功。

3. 测评标准

新加坡教育部严格控制项目工作的测评要求、条件、标准与评分过程，并确保评价者之间的一致性。最后分析时主要看书面报告和口头陈述两部分。以 2019 年的大纲为例，关于书面报告和口头陈述、个体和团队都有合理的分配比例（见表 1-6、表 1-7）。

表1-6　2019年总体的项目工作评价比例

组成	团队	个体	总体
书面报告	40%	—	40%
洞察和反思	—	10%	10%
口头陈述	11%	39%	50%
总体	51%	49%	100%

表1-7　2019年项目工作书面和口头评价的组成

评价的组成	个体	团体
书面部分		
·书面报告 ·正式报告，2500—3000字 ·来源可靠	—	·有充分证据支持的观点 ·产生观点 ·分析和评价观点 ·组织观点
·洞察和反思 ·正式的说明，不超过500字	分析和评价观点	—
口头部分		
·口头陈述 　每个小组，4个候选人最多25分钟，5个候选人最多30分钟 　每个候选人5分钟 　团队的陈述不超过5分钟 ·问答环节	·口头演讲的流畅性和清晰性 ·有观众意识 ·回答问题	口头表达的有效性

　　书面报告的评价从整体层面评价学生的知识运用情况以及书面表达能力，以鼓励学生合作（占总成绩的40%）。根据新加坡教育部的规定，书面报告评价标准如下，分成团队和个体两类。（见表1-8、表1-9）

表 1-8　团队书面报告的评价标准

标准	没有成绩	接近期望	达到期望	超过期望
提出有证据支持的观点	没有达到标准	主要观点的支持证据很少，几乎没有什么相关的细节和例子	主要观点有一些细节和例子支持	主要观点的支持证据很充实，有很多相关的细节和例子
产生观点		观点没有新意，老调重弹或拼凑	观点有一些新意，对现有观点有一些新的发展或修正	观点有洞察力，有创新性
分析和评价观点		观点的分析和评价很有限	观点得到了比较充分的分析和评价	观点经过了彻底的分析和评价
组织观点		观点的呈现和组织很难理解	观点的呈现和组织容易理解	观点的呈现和组织连贯一致

　　小组中的每一位候选人都必须提交一份个体书面报告。个体书面报告主要考查的是个体的洞察力和反思。个体书面报告不超过 500 字，需要体现学生对观点的分析和评价能力。

表 1-9　个体书面报告的评价标准

标准	没有成绩	接近期望	达到期望	超过期望
观点的分析和评价	没有达到标准	观点的分析和评价很有限	观点得到了比较充分的分析和评价	观点经过了彻底的分析和评价

　　口头陈述为每位小组成员提供了口头表达的机会。每位小组成员都有机会，也都需要用流利、清晰的语言把自己的观点呈现给听众，并回答主考官的问题，时间控制在 5 分钟以内。口头陈述也包括个体和团队两个方面。评价标准如表 1-10 所示。

表 1-10   个体和团队口头陈述的评价标准

标准	没有成绩	接近期望	达到期望	超过期望
个体				
流利性和清晰性	没有达到标准	表达犹豫不决或只是喃喃自语，难以理解	绝大多数时候的表达是清晰的，容易理解	始终表达清晰、流畅，速度适中
有观众意识		基本没有关注到听众	有一些观众意识	尽力与观众做积极的情感互动
回答问题		几乎没什么回答，对原有观点几乎没有扩展	回答与提问相关，对原有的观点有一些扩展	回答与提问相关，详尽，思虑周详，对原有观点有较多扩展
团队				
团队报告的有效性	没有达到标准	报告没什么成效，缺少一致性和组织性。报告的辅助工具使用不当，没有起到优化报告的作用	报告总体上是有效的，有一定的连贯性和组织性。报告的辅助工具使用恰当，提升了报告效果	报告富有成效，连贯一致，组织良好。报告的辅助工具有效地增强了整体效果

此外，每个项目小组还需要提供项目档案。小组项目档案用于考查学生构想、形成方案的能力以及分析、评估信息的能力。学生个人需要提供的资料有初步设计、相关文本／非文本资料评估、洞察和反思。小组专题文件夹仅从个人层面进行评估，占总分的 20%。

（三）作为课程载体的项目工作：小学的典型样例

作为课程载体的项目工作在新加坡的学校中较为普遍。A-Level[①] 中也开设了项目工作作为课程。在此，我们呈现一所新加坡公办学校的整体设计和课

---

① A-Level（General Certificate of Education Advanced Level），是英国普通中等教育证书考试高级水平课程，也是英国的大学入学考试课程。

程实践，以此来看大多数的学校如何将项目工作融入自己学校的课程架构。

1. 学校愿景与目标①

新加坡的这所先锋（pioneer）小学，建于 1995 年，学校形态代表了新加坡大多数的公办学校。学校愿景是"根植于价值观，为未来做好准备，成为社区的瑰宝"。学校认为，应该让每一位学生都具备 21 世纪的能力，其中思考、沟通和解决问题的能力是至关重要的，它能使学生在日益复杂的世界中应对各种挑战。

学生需要有一套正确的价值观，作为其模棱两可时的道德指南针。

学生需要知道如何利用自己的能力进行自我指导，并与他人协作以增强自己的能力。

学生需要能够想出创造性的解决方案来解决新的和复杂的问题。

学校认为，项目工作是跨学科的教学工具。这个工具能够很好地应用和体现新加坡教育部所倡导的 21 世纪框架和学生学习成果。项目工作将重点发展学生的批判性和创造性思维，沟通、协作和信息技能等，旨在激活学生的思想创造力和有效的问题解决能力，使其在真实的情境中提升学习激情，根植深度学习的种子。

2. 项目工作的理论基础和设计原则

学校实施项目工作的理论基础是柯尔博（Kolb，1984）的经验学习循环。学生从具体的经验开始，遇到新的刺激，作为进一步思考（反思观察）的触发点，然后根据整个学习过程中产生的新思想或理解（抽象概念）采取行动（主动实验）。学校用如下的 5E 作为学校一至六年级项目工作的设计逻辑，其也是指导一至六年级学生思维习惯（thinking routines）养成的问题框架。

▶参与（Engage）——教师提出指导性问题，为学生提供具体的体验。这是一个以学生为中心的学习阶段，激发学生的好奇心，让他们对即将到来的话题产生更多的渴望。这一阶段学生要运用思维习惯进行头脑风暴。

▶探索（Explore）——教师鼓励学生运用过程性技能，如观察、提问、

① 案例引自：https://pioneerpri.moe.edu.sg/depts/21st-century-competencies-project-work-21cc-pw.

调查与同伴交流。这一阶段的思维习惯是"看、想、提出问题"。

- 解释和阐述（Explain and Elaborate）——学生进入反思观察阶段。这一阶段需要发展发散性的思维技能。
- 扩展（Extend）——在这个阶段，学生将产生新的想法，他们需要思考如何行动能够让社区发生变化，还需要应用他们的知识和技能来完成教师设计的任务，如海报设计。
- 评估（Evaluate）——学生将对他们的学习进行反思和评估。

3.学校项目工作的重点与主题

学校提出"21世纪素养视角下的项目学习"，将其作为一项跨学科的计划，重点培养学生的批判性思维能力、研究能力、沟通能力和信息通信技术能力等明确的21世纪素养，以支持学生的学习。21世纪素养视角下的另一个维度是特别关注项目对社区的贡献，这将有助于学生在品格和公民教育方面的能力培养，并增强其社会情感能力。学校将一至六年级的课程主题定位为环境教育，表1-11简要说明了一至六年级环境主题的项目工作。

表1-11 一至六年级环境主题的项目工作

年级	主题	英语	数学	科学	社会研究
一年级	尊重，负责任和关系	带有讲述和演示的报告	具有选择标准的决策矩阵	—	认识自己、他人和周围环境：赞赏周围的环境
二年级	使用稀缺资源	带有挑选和演示性的报告反思	数字图	—	作为一个国家的代表走到一起：欣赏新加坡的多元化社区

续表

年级	主题	英语	数学	科学	社会研究
三年级	理解节水	K-W-L	条形图	建立联系，检查其他资源以形成解释的链接，认识到水是一种有限的自然资源以及对节水的关注	了解新加坡如何管理其资源以满足该国的需求
四年级	识别污染的影响（海洋养护和乱抛垃圾）	星球单元：棱皮龟	折线图	物质和水的循环（描述水污染对地球水资源的影响）	珍视过去：研究并反思过去在新加坡生活的各种人的贡献
五年级	使用技术并衡量其对环境的影响（第1部分）	星球单元：互联网讨论的观点	投票调查——形成立场	物质和水中的循环：认识到水循环的重要性 认识到水对生命过程的重要性	欣赏世界：描述人们在世界其他地方的生活
六年级	使用技术并衡量其对环境的影响（第2部分）	通过新闻稿和分镜头脚本向世界介绍新加坡在环境保护方面的努力	饼图	环境中的相互作用：认识到水是一种有限的自然资源以及对节水的关注（蓝色倡议）	探索东南亚：说明新加坡如何与其他国家联系

　　学校将项目工作分成两个阶段，他们认为，不同阶段的项目工作的目标指向和课程要点应该有所区分。

　　◎低年级的项目工作（一至三年级）

　　在低年级，重要的是保护学生的好奇心，鼓励他们开展探索和实验，并能够识别模式，建立联系。通过使用思维工具，学生将学习探索各种可能性，产生想法以解决给定的问题。

在此阶段，培养学生的自信心和口头表达能力也很重要。项目工作旨在通过为学生提供展示的平台，让学生讲述、谈论他们的学习经验，以增强他们的沟通能力。

通过项目回馈社区。学生将进入社区，与邻近的居民共享和互动，让他们共同参与与环境有关的问题。作为项目演示的一部分，学生将学习不同的信息、通信和技术（ICT）技能以展示他们的学习成果（如新闻制作人）。

三年级的学生还将学习编码程序，进行简单的编码，以此设计与环境保护有关的产品。

◎高年级的项目工作（四至六年级）

在较高年级，项目要加深学生的思维能力和沟通能力。学生将要学习保罗的推理轮（Paul's Wheel of Reasoning），并将其应用于项目工作。学生要能够确定问题或挑战并提出解决方案。他们需要集思广益以寻求解决方案，并捍卫自己的解决方案，使用证据来解释推理和决定。

在高年级，关键的学习成果之一是使学生学会有效地管理和使用信息，并能清晰地交流他们的想法。教师将指导学生使用简单的故事板，介绍解决方案，并通过新闻制作人这一形式进行发布。除这些之外，学生还将学习编码课程，并运用技能设计原型。

（四）反思：如何将项目化学习纳入综合素质评价？

新加坡将项目工作纳入入学考试的评价中，并计入总分，是非常大胆的做法。我们虽然采用了综合素质评价，也要求学生进行研究性学习，但大多数时候只是作为参考依据。新加坡在这一点上先行了一步，其在实践中出现的经验和问题都值得我们反思。

1.新加坡具有将思维技能纳入测评中的持久的政策和实践传统

从上文的分析可见，项目工作的发展历程体现了新加坡优良的政策传统。在新加坡从 20 世纪 80 年代后期开始一直持久至今的政策历程中，可以清晰地看到对问题解决等思维技能的关注，延续到近些年的 21 世纪素养，开发了整个标准和不同年段的基准（benchmark），以此作为教师的操作指南。

新加坡所描述的思维技能包含识记，比较和对比，分类，推断，预测，分析，解释，产生想法，得出结论，区分事实、观点和判断，评估，综合，决策，解决问题。他们不仅将思维技能纳入国家课程、学校自己开发的课程，而且用各种方法对学生是否获得了思维技能进行评估，形成了新加坡独特的评价哲学：评价是学习过程中不可或缺的一部分，评价从澄清学习的目标开始，评价应该获取信息来改进实践。

2. 从小学开始养成项目工作的思维习惯，为高中的评估做长程奠基

虽然作为测评项目工作在大学入学考试中出现，但是在小学、中学阶段，学生会有大量的项目工作实践。新加坡的项目工作有自己的主线来为学生的能力发展做长程的奠基：首先，思维技能的培养是一直以来贯穿的主线，而且特别强调序列性；第二，在项目中特别强调价值观，对本国的认同、热爱，项目本身对社区和国家的贡献；第三，项目中关注社会性情绪。

通过初级阶段的意识培养、基本的表达技能和思维技能，学生产生在创新、创造和应用方面更复杂的需求。这种方法将帮助学生逐步掌握必要的技能，并以渐进的方式激发他们的学习热情。

3. 在作为高利害考试载体的保密性和作为育人载体的教育性之间保持平衡

作为一种高利害考试的载体，项目工作要保证绝对的保密性。但是，项目工作又是培育学生 21 世纪素养的课程和教学载体，要促进学生的问题解决能力，要具有教育性。这两个特性之间是有冲突的。为了不泄密，负责项目工作的考试委员会制定了一系列严格的措施：

- 评估完成后，指示所有学校销毁项目工作书面报告。学校只能保留样本副本用于教学和指导。
- 不允许学校邀请演讲者或教师为可能在项目制定过程中发挥关键作用的利益相关者提供更紧密的指导。
- 不允许教师在学生草稿上做标记。

但是，这些从公平性、避免泄露的角度出发的措施引起了学校和教师强烈的反对，教师认为这只是从审查员的角度看问题，而不是从教学法的角度看问题。教师写道：

他们有时会忘记我们所教的学生只有 17 岁，并且在处理现实世界中的问题或联系与其研究需求相关的利益相关者方面经验有限。这些学生需要更多的指导，特别是能力弱的学生。

最重要的是，销毁书面报告的指示令我们最困惑。……我们感到震惊和悲伤，因为委员会以评估的名义每年可以放弃成千上万个经过精心研究和编写的书面报告，并指示学校将它们送到切碎机中。作为老师，我们还认为学生应有其思想的版权。指示所有中心销毁书面报告等同于告诉大学销毁其学生的论文。更大的悲剧是，这些报告中有许多与新加坡未来需求相关的扎实且经过深入研究的想法，涉及政策制定、循环利用、特殊需求、旅游、保护、宣传工作、核能、遗产、高等教育、商业等许多方面。①

很显然，教师的出发点是从育人的角度而来的，他们更关注对学生精心制作的学习成果的呵护和关注自身作为指导者的职责。在新加坡，这一问题还没有得到很好的解决，这是值得我们反思的。

4. 作为高利害测评的项目工作中的公平性、真实性的问题

项目工作中的公平性、真实性是一个大问题，同样的问题在我们的综合素质评价中也有，比如上海通过提供真实记录部分解决这一问题。而项目工作更为复杂：

第一，如何保证个体投入的公平性？到目前为止，项目工作被诟病最多的就是团队中的不公平。新加坡有学生写道：

有些小组拥有许多勤奋和敬业的小组成员，而另一些小组则有很多不认真的成员。有些小组中，努力工作的成员不得不承担不合作的小组成员的额外工作量，以确保所需的成绩。一个或两个主要成员承担了为整个小组编写报告的重担，而其余成员则坐下来放松。②

为了达到更高的水平，有些学生会额外以很大的工作量来保证成绩，而

---

① 本部分的材料来自新加坡教师的公开信：An open letter to the Education Minister from a group of project work teachers.https://www.theonlinecitizen.com/2011/07/26/an-open-letter-to-the-education-minister-from-a-group-of-project-work-teachers/.

② 本部分的材料来自学生对 PW 的描述：The Aftermath of Project Work： Confessions and Reflections. https://rafflespress.com/2016/04/18/project-work-confessions/.

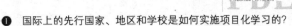

另一些学生则可能会搭便车。虽然区分了个体和团队成果，但是团队的书面报告占到了 40%，口头报告占到 11%，也就是说，一个学生如果在一个好的团队中什么也不做，也可以拿到 51% 的分值比例，而另一个学生即使用了很多的时间和精力，但是团队不行，也会对其最终的成绩产生极大的影响。

第二，如何避免为了应试获得高成绩的投机取巧？项目工作是通过学生提供的书面报告和口头报告而评分的，这在很大程度上依赖于学生的诚信，而学生会为了追求高分对过程性数据进行修改：

有些小组会伪造他们的调查结果。当受访者没有说出小组想要的内容时，许多小组会修改谈话记录中的回答。为了构造符合 A 档的文本报告，小组会修改他们的回答。从某种意义上讲，项目工作是通过一种"最终证明手段"的方式完成的，这损害了我不希望的过程。

第三，如何避免为了保险而不敢创新，遵循套路模式？项目工作本来是为了培育学生的创造性，但是，正如高考作文一样，太过于离经叛道的文章也会伴随高风险，因此，为了更保险的分数而遵循一定的模式，有可能会让项目工作沦为八股：

一些老师谨慎地建议我们如何调整报告以适合理想报告或评估的形式。有人提出，冒着可能危及学业前途的风险来实现创造力不是一个理想的情况。

显然，努力适应标准答案的套路无法达到让学生从事"创造性应用综合知识"的目的。

第四，如何在紧张的学业筹备中应对项目工作繁重的工作量？高质量的项目工作报告需要花费学生大量的时间。从官方要求上来说，新加坡考试和评估委员会建议合理的时间为 60—75 个小时，假设每周平均 2.5 个小时，从五月持续到十一月，五月提出初步观点，八月出团队项目方案，十月出材料评估，十一月形成报告。（Rahim, 2013）但事实上，如果要达到高水平的报告，这个时间将是官方报告的 5 倍，远远超过官方建议的时间。

项目化学习实施的中国建构意味着什么？

百年前的设计教学法被称为当时影响最大的教学变革。它经历的失败与重构的过程对当下的项目化学习实施仍然有很大的启示意义。项目化学习实施的中国建构，意味着我们要在本国独特的教育环境下走出自己的路。

项目化学习在中国的演进轨迹可以追溯到设计教学法（project methods）。作为基础教育领域的一种课程设计理念和教学思想，设计教学法是美国进步教育思潮和欧洲新教育思潮的产物。（张华，2006）本部分从历史入手，立足于中国的情境脉络，探讨项目化学习实施中具有持久价值的问题，尝试构建中国的项目化学习方向。

一、百年前中国建构的失败与重构[①]

自 1919 年开始，设计教学法在中国教育界曾经有过一次本土化的实施，这次实施当时在全国影响范围广泛，被认为是在民国时期流行的各种教学法中理论最为系统且实践影响最大的一种。（瞿葆奎 等，1985）事实上，设计教学法在当时国内的实施并非一帆风顺，而是经历了一番波折，这些波折对今天我们理解项目化学习的中国建构有重要的意义。

（一）一次失败的照搬实施

1918 年，克伯屈（Kilpatrick）发表了设计教学法的论文。他整合了杜威的哲学观和桑代克（Thorndike）的学习理论，打破学科界限，根据儿童的需要，形成活动单元。在哥伦比亚大学中国留学生的大力提倡下，设计教学法从美国传入中国，当时的开风气之先者为俞子夷先生。

1.克伯屈的"设计教学法"

在描述俞子夷先生的探索之前，我们首先要理解克伯屈的设计教学法意味着什么。

克伯屈（Kilpatrick，1930）的"设计观"秉持的是强烈的儿童中心。"设计"是"有目的的行为"，是自愿的活动，以自愿决定目的，指导动作，并供给动机。如果学生的意愿消失了，教师仍然要求学生完成已经开始的工作，那么它（项目）就变成了一项任务——仅仅是工作和苦差事。无论学生做什

[①] 本部分内容综合自：夏雪梅.从设计教学法到项目化学习：百年变迁重蹈覆辙还是涅槃重生？[J].中国教育学刊，2019（4）；方超群.俞子夷的设计教学法实践之路.2019.内部稿，未公开发表。这里的"百年"概指一百年左右。

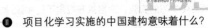

么，只要是"有目的"的，就是一个项目，从通过解决数学问题和学习语法词汇来构造机器，到观看日落和聆听贝多芬奏鸣曲。基于这种导向，设计教学法打破了学科界限和班级界限，以与儿童生活有关的问题或事情为组织课程的中心，由学生自发决定学习目的和内容，并通过学生自己设计和实行的单元活动获得知识与技能。

克伯屈（Kilpatrick，1930）将设计教学分成四种：生产者设计、消费者设计、问题设计和练习设计。生产者设计，诸如从最年幼的儿童极为短暂的用沙子堆成小屋，到建立一个国家或由多个国家组成国际组织；消费者设计，即以某种方式使用和享受，如一个儿童观看焰火或欣赏一幅画、音乐和文学；问题设计，目的在于解决一个问题，澄清困难；练习设计，指学生主动规划、乐于参与的、以巩固某一种技能或知识为目的的具体学习设计。

2. 设计教学法引入中国

设计教学法在五四运动的同年引入中国。五四运动以民主与科学为价值追求，引发中国政治、文学及学术文化史上里程碑式的变革。在教育领域，欧美以儿童为中心的民主教育理念、开展科学教育实验的新风气也影响到中国，使中国掀起了基础教育领域教学法改造的高潮。

也正是这一年，杜威来华，为设计教学法的推行奠定了思想基础。设计教学法在国内落地实施最有名的代表人物是俞子夷先生，他当时任南京高等师范附属小学（简称"南高师附小"）的校长。从1918年开始，他带领教师们进行了大量的设计教学法的实验。（吴洪成 等，1998）当时的南高师附小是全国最好的小学之一，经费充足、设备齐全，最重要的是，他们的师资力量雄厚，而且习惯不断开拓创新，积极引进和探索当时的新教学方法，在教育研究和实践上一直处于国内的前列。这些都是设计教学法在当时探索实践的不可或缺的基础。

3. 第一年照搬实施的失败

南高师附小第一年的设计教学是完全按照克伯屈的理念来的，以儿童意愿为主。各种设计的目的可由教师提出建议，由儿童自主选择。设计的过程严格遵循克伯屈的四段法（熊明安 等，2001）：

（1）确定目的，即学生根据自己的兴趣和实际生活需要，提出学习目的；

（2）拟定计划，即制定出实现这个目的的学习计划；

（3）付诸实践，即在自然状态下，运用具体的材料，通过实际活动去完成这项工作；

（4）评定结果，即对该项工作的结果进行评判。

但是，第一年的设计教学法实验最终失败了。俞子夷对当时的情形进行了描述，就上课的内容而言（中央大学实验小学校，1929）[9-10]：

研究材料，由学生中领袖提出或教师提出。……因此，儿童作业，因无确定目的，工作结果，往往今天和明天，前月和后月常在同一水平线上，没甚进步发展可说。

对上课的时间做了弹性的调整，上课的形式更是产生了极大的变化（中央大学实验小学校，1929）[9-10]：

这一班上课时间，三十分钟为一节；钟点制改为分数制，也在这时间开始实行。

上课情形，和现在的幼稚园相仿佛。不过那时儿童作业，非常自由，教师看见儿童自由活动，以为已达实验目的，表示逾分的满足。

这些也是根据克伯屈的建议，在教学组织上废除班级授课制，打破学科体系，以儿童有目的的活动作为所设计的学习单元来组织教学活动，学生非常自由。但是，一味满足儿童兴趣，放任儿童自己去形成学习目的，往往是低水平重复，不能提高儿童的能力。学生在此过程中并没有得到充分的发展，教师和学校的教育作用得不到体现。

在经历了一年多的惨痛失败后，基于活生生的教育现实，俞子夷对克伯屈泛化的、完全以儿童为中心的"设计"理念产生怀疑，并对克伯屈的四段式的设计过程不再盲目相信。俞子夷说：克伯屈"将设计法的四段过程推到至尊无上地位。然而实际施行如何，则很难说"（董远骞 等，1991）[494]。于是，在第二年的实验中，俞子夷对设计教学法做了很大的修正，这些修正使得设计教学法在当时取得了引人注目的成效。

（二）一次实施过程的本土重构

俞子夷对设计教学法的本土改造，首先是质疑、纠正设计教学法的理念。

1. 纠正设计教学法的理念

在克伯屈看来，只要是学生自愿自觉的行为都可以被看作设计，教学应当让儿童自己在生活的情境中找寻到"目的"，全身心地投入到这种自愿的活动中。

而俞子夷则基于实施经验，针锋相对地提出了不同的观点，认为设计的来源不能完全依靠学生，教师应该在其中发挥重要的作用，要引导学生向上发展：

没有引导，听凭学生做去，不是设计教学法。硬迫学生去做，指挥学生，命令学生，也不是设计教学法。引导学生向上发展，才是真正的设计教学法。（董远骞等，1991）21-22

俞子夷的观点和杜威异曲同工。杜威也批评了克伯屈的观点，他认为"设计"是教师和学生共同的事业，尤其是"儿童还未具备计划设计与活动的能力，因而需要教师的帮助来确保学习和生长的连续性过程"（郑燕，2017）3。

2. 聚焦中国建构中实施层面的关键问题

俞子夷所面临的更大的挑战来自本土实践，在中国学校中到底该怎么做？他列出了在中国教育的情境中需要解决的一个个具体问题（张锡昌，1924）：

- 从设计的内容角度来说，儿童提出的问题哪些值得探究？
- 哪些学校学习的内容适合采用设计教学法？
- 教材如果不能像克伯屈所说的那样全盘抛弃，那么如何编订相应的教学材料？
- 读写算的这些基本技能是整合在设计中，随着问题解决的过程不断强化，还是专门安排必要的时间予以强化练习？
- 随着学生年龄的增长以及学科逻辑性的不断增强，如何从设计偏重分散、横向的知识点走向集中、纵向的框架体系？
- 从课时的结构和安排角度来说，用什么样的课程组织形式来容纳设计教学法？设计教学法和学科教学怎样在一张课表里并存？学生的时间如何分配？

◉从相关资源配置的角度来说，教室和教师如何安排？是否要划分不同的专用教室？不同兴趣的学生如何兼顾？

今天，我们无法还原当时具体的实施场景，也无法全部获知当时对上述所有问题的回答，通过回顾当时的系列文献，我们可以大致澄清俞子夷等先行者在如下一些关键的实施问题上的探索（沈百英，1923；张锡昌，1924）。

（1）对课程内容进行领域的综合化处理，同时非常注重技能训练

相较于完全分科和完全听凭儿童的自愿，俞子夷走了一条中间道路。他以儿童活动作为选择和组织课程的中心，将课程分成了语言文字、动手制作、游戏、唱歌舞蹈四个"系"，并布置了四间相应的教室。所谓的"系"，是指比原来的学科科目包容量更大的课程构成单元。先是分系设计活动，然后向混合设计过渡。

俞子夷没有抛弃学科的技能训练，相反，他在这一方面做了大量的研究。学校典型的课程结构是上午进行设计教学活动，下午进行学科基础的练习，培养学生读、写、算的能力。这些能力的培养主要靠两点来实现：一是充分的练习时间，二是练习遵循了科学的规律。为了验证学生读、写、算的技能是否有进步，俞子夷专门进行了相关的统计与研究。此外，练习的材料按照科学规范编订，而不是按教师的意愿随意提供。

（2）灵活的课程表设置，根据当天事件和学生学习情况生成随后的课程内容

灵活的课程表设置为课程内容的生成奠定了基础。实行设计教学的教师，每天下午在学生放学后要开半个小时的研讨会，也称"半时会"，时间一般从下午四点开始。各年级在每天"半时会"前把需要研究的题目拟定好，并定好本年级的时间表。

在"半时会"上，教师们把各年级的问题集中起来，看有无冲突或可以共同研究的问题，按照时间和教室分配妥当，拼成一张总的时间表。表上注明从什么时间到什么时间在什么地方研究什么问题，各年级想研究这一问题的学生都可去参与，不想去的可到相应教室去玩、读书或写作业。凡是进一个教室的，学生必须带着一张作业片（单），以备教师查验。（张锡昌，1924）

这就意味着，任课教师每天要根据当天发生的事件和学生提出的问题，

决定第二天课程的大致内容，排好第二天的课程表。如果第二天的情况发生变化，可以在一定范围内再进行调整。即使在今天来看，这对教师的要求也是相当高的。俞子夷为了达到理想的排课效果，进行了分步实验，起初是在低年级实验，然后是在高年级实验，最后在全校推开。

（3）根据学生的认知特点重新编辑教材和供学生自主学习的参考资料

设计教学法因为缺少学科知识的维度，所以在设计和实施上都显得很随意。陶行知批评过这个现象，虚拟了"设计教学法先生"与"教学做合一先生"。其中，"教学做合一先生"批评了设计教学法的随意："早上设一计，晚上设一计，心里设一计，笔下设一计，衔支香烟喷口气，又是一个计。"（陶行知，1947）这背后反映了设计教学法在知识观上的缺陷："非有其他方法的补充，则学习太散漫，太凌乱；它的效能太限于目前应用，从小商店、小银行的活动所得的数目知识，决不能供给儿童所需的算学；从戏剧表演所得的历史事实，决不能代替系统的历史研究。"（波特，1930）[96-97]

为此，俞子夷重新编写教材，在不同年段上各有认知的重点。低年级偏重在观察和故事中学习自然，以增加知识为主；高年级在知识增加的基础上不断加深，要逐渐知道自然物分类的方法以及各类学术名词与科学定义，随着年龄增长和经验增加，逐步提升知识的系统性和思维的逻辑性。除了对教材的重新处理，教师还根据儿童在学习过程中随时出现的新问题编辑整理出各种参考资料。这些参考资料很类似于我们今天在项目化学习中所说的学习支架，支持学生探究历程的深化。

当时，教师们还会注意到对学生差异的处理，如果有学生未能达到教材的学习要求，教师会多方暗示学生，激发学生的动机，并提供相关材料指导他们继续研究，从而达到学习的标准。

正是这一系列基于本土实践的实施策略，设计教学法的实验取得了巨大的成功。教育界纷纷赞誉，俞子夷（1927）[4]也被誉为"小学教育界的一个老大哥"，很多同人尊称他为"教师的教师"。这一实践吸引了众多学校，"一时，参观南高师附小的，络绎不绝，做南高师附小参观笔记的，也不知有多少，在中国小学教育界的出版物上，到处都有他们的教学概况"。（沈百英，1923）

（三）为教师和学生的实施过程订立标准

俞子夷所做的中国探索兼具了中国教育的严谨和进步教育对儿童的尊重。尤其值得关注的是，俞子夷为实施过程中的教师和学生创立标准，以提高实施过程的质量，使之不流于形式或肤浅。

1.为教师的实施过程订立标准

为教师订立的过程标准有八个方面，都是用问题的方式提出的。这八个方面的问题引导教师设计落实的方向，给教师实施提供了参考框架。（董远骞等，1991）[19-21]

一、教员能鼓励全班创造设计、考察设计吗？

二、教员能引导学生维持原来目的而得到结果吗？

三、教员能养成学生的领袖吗？

四、教员能引动学生在设计着手以前，提出计划来陈述吗？

五、教员能引导学生正确思考，做成假定的纲要吗？

六、教员能供给学生研究的方便吗？

七、教员能引导学生批评自己的作业吗？

八、教员能引导学生，不是指挥学生，也不是把作业命令学生吗？

上述八条标准，就其结构而言，共探讨了四个方面的内容。

第一，儿童自主探究和教师教学之间的关系。

这是贯穿八条标准的基本思想。这八点所有的措辞中，都是引导教师对学生的关注，体现他所说的教师应该"引导学生向上发展"，因此，不可以将"手前的活动"当作"满足的作业"。他举了一个例子，比如在种菜的设计中看到菜上的虫子，不是仅仅把虫子捉了就好，他认为，这是一个研究害虫生活的绝好机会，不可轻易放过。俞子夷提出：

当利用捉虫的动机，引起学生研究害虫生活的设计。……教员可以指示学生，说："要驱除害虫，不是仅仅捉虫就能了事；倘使我们明白了害虫的生活，也许可以想出便利的驱除的法子来。"（董远骞等，1991）[19]

而且，俞子夷所倡导的项目的设计是一环一环不断推进的，是从学生的问题中生发出新的问题，从种菜到驱除害虫是根据学生在探究过程中自然的

发展方向向前推进的。

第二，教师如何引导学生进行过程中的探究和反思。

俞子夷很好地延续了杜威的思维五步法，在动手做之前先做设计和计划，不是急着做，而是先有设计和方向，避免学生鲁莽的倾向，引导学生养成事前规划的习惯；在资料太多、头绪纷繁的时候，教师指导学生对关键要素进行分析，形成研究假设，再进行验证。俞子夷也非常赞同在设计教学法中加入学习的支架，不让学生盲目探索，那些基础的技能可以先教给学生。

在实施过程中，教师还要不断引导学生回到设计之初的问题上去，引导学生反思是否解决了这个问题，譬如：

"学生有个设计是要做木的鸽棚养鸽子。"若学生做成时忘了批评，教员宜问："这鸽子棚我们做来什么用的？此刻做成了能不能合用？"（董远骞 等，1991）[21]

第三，设计中的团队领袖的形成。

俞子夷认为，在设计教学法中有很多机会可以锻炼学生的领袖能力：

全班共同作业时，能力强的学生自然会做一群里的领袖。譬如：要分团作业的，各团可举一人做领袖；要分团报告时，各团亦可举一报告的人。作业的时间和秩序，可以分别选举领袖人监察；用品用具的收发，也可以各选领袖人管理。某种讨论，在高年级，也可由学生公选的领袖做主席和书记。（董远骞 等，1991）[19-20]

第四，教师的教学艺术。

在设计教学的实施过程中，也要讲求艺术，激发学生的兴趣，而不是指派学生任务，要有策略地引导学生，激发学生内在的兴趣。

2.为学生的实施过程订立标准

俞子夷先生也对学生的实践过程提出了标准，这一标准同样是给教师的，教师可以用此来观察和评估学生的表现。他一共提出了十八条（董远骞 等，1991）[22-24]：

一、学生的作业有社交的团体精神吗？能敬重领袖吗？

二、学生能考案设计，并能做成纲要吗？

三、学生能提出设计，并能陈述设计吗？

四、学生能适宜分配设计里的作业吗？

五、学生能各自作业，或者分团作业吗？

六、学生的作业，能按照大家所分配而能协力、互助、自由、并且有秩序吗？

七、学生作业时，能先记出应做的事情，次做纲要，再经一次的思考，然后动手吗？

八、学生研究以后，能先做假定的纲要，然后再用别种资料证验，决定应否再加补充吗？

九、学生能在证验以后修正原纲要吗？

十、学生能始终维持他的目的作业吗？没有使学生分心的境遇吗？

十一、学生能自寻需用的东西，会使用吗？使用时有秩序吗？

十二、学生个人或分团的作业做成后，能报告全班吗？

十三、一人报告时，众人能注意（并会笔记）吗？

十四、众人能有同情的批评吗？容受批评者能有正当的精神吗？

十五、报告完了时，众人能做总括，并且能得到结论吗？

十六、众人能做有结果的讨论吗？不明白的能发问吗？

十七、设计里需要的技术或学问，学生能发见吗？

十八、技术学问要练习或作业的，学生能考案练习或作业的方法吗？

这些标准引导教师关注学生的设计、反思、报告、合作性讨论、发表观点和见解、提出假设与做验证、组织调查、合作解决问题等多方面的能力。这些能力的运用，不是单一的，需要综合运用。比如，谈到一个设计本地的地理建筑，学生需要分组，把本地主要公共建筑物模型在沙箱里装排，俞子夷给出了很具体的建议：

各团的做法，要顾到全体，不能各不相关；若各自逞了私心，那全设计要凑合不起来。但各团做他的建筑物时，又宜自由发表他的能力，尽力使所做的美观，却不必用呆板划一的模式。建筑物里和附近，更可各各自由加人物、树木、车马等点缀，也不必一律。（董远骞等，1991）[23]

在上述的例子中，就涉及标准和自由把握、团体成果和个体成果等关系的处理。用当代项目化学习的标准的发展历程来看，这一思考具有相当的前瞻性。直到**近两年来**，巴克教育研究所才开始从学生在项目化学习中的收获的角度讨论学生层面的标准。

（四）百年前的中国实践对当下的启示

在设计教学法理论引入的过程中，俞子夷从一开始的服膺到慢慢开始怀疑，再到基于中国教育情境进行重构，是"深化教育界对教育试验必要性认识，对教学方法'中国化'问题和对教学理论的研究的关注和重视并促成新旧教学方法的'调和'"（吴洪成 等，1998）。俞子夷先生的探索对今天项目化学习的中国化实施的启示在于以下四个方面。

1. 中国建构不是一次成功的，需要持续地科学地关注具体的"做"

中国建构需要在实践中去做，如果不去做，也就不知道各种新的理念、方法与现实的碰撞将会产生怎样的结果。在做的时候，不是盲目地实践和探索，而是要运用科学的方法持续改进。诚如俞子夷先生所说：

没有辨明方法和精神，只顾了手续便利，不肯坚定的认清了精神，想出办法来。或者耳食了传来的言论，半生半熟的宣传。实在是笼统成了习惯，没有科学的研究方法是了。归结说，就是"不学"，而专要想用"术"。（董远骞 等，1991）[113-114]

正是秉持了这样的思想，俞子夷先生非常反对笼统地谈原则，而是通过科学实践解决问题。在教材的编排顺序上，他反对教材编写仅仅谈论"心理的排列""论理的排列"等空话。他提出，要解答上述具体的排列问题，不可以空凭意见和主张。今天的中国建构正需要这种真正去进行"观察、调查、试验、统计"的取向，专注于实施过程中的具体问题的研究与分析，不空谈高远的理念，而采用客观的方法，避免主观的判断，针对行政上、教学上、训练上种种必须解决的问题，进行观察、调查、试验、统计。（董远骞 等，1991）[80]

2. 依据中国国情为师生的实施过程订立标准，提升学生的学习质量

俞子夷的中国探索的成功并不是对克伯屈亦步亦趋地模仿，而恰恰是对美国的设计教学法"不彻底"应用的结果：

儿童提出问题与教师整理补充并举，比较完全由儿童作主稳妥。我们仍有大纲，预定一学期、一学年应学的内容，应达到的标准。对旧传统仅作局部的改变；前车可鉴，不敢全盘推翻。文字算数的练习，亦只用游戏方式加

以化装；教师抓得颇紧，不敢放松一步。是以几年经过，学生成绩比一般高些。（董远骞 等，1991）[490]

俞子夷的推进是一点一点尝试探索，而推进每一步同时也考虑到学生的学业成绩是否达到相应的标准，为此，他没有完全彻底地采用设计教学法，而是进行了折中。在今天严格的国家课程标准、考试要求下，我们需要更加谨慎地开展探索。从一定意义上说，考试也是一种控制学习质量的标准。正如俞子夷所说，"设计法才露头，测验即接踵而至，无形中为设计法筑一堤岸，防止它无限制地泛滥"（董远骞 等，1991）[510]。

3. 实施成功需要充足的教师数量和高水平的教师

设计教学法对教师的要求非常高，而俞子夷的学校是大学附属小学，教师们除了日常上课，还可以去大学部旁听相关课程，提升专业素养。设计教学法特别注重激发学生的兴趣，可只有当教师正确选取和利用学生的"兴趣"时，才能有效地将学生的"兴趣"转变为实际的"努力"。那怎么选择兴趣？又怎么利用兴趣来编制开发课程？这需要教师通过测验、观察等科学方法来研究探索。设计教学法"异于旧方法，无一教师能骤然变迁。操切实施，其弊较他种方法尤甚也"（克伯屈，1927）[37]。

这就给实施"设计教学法"带来一个难题，要想保证高质量的设计教学，必须保证充足的教师数量及较高的教师素养。有论者（徐春妹，2007）指出，"民国时期实施设计教学法时师资匮乏是导致失败的一个原因"。即使在今天，师生比、教师编制的限制将仍然是项目化学习实施中重要的限制。

4. 实施的成功重在"细节"，在新的教学设计结构中，平衡传统教学法的内容、比例、序列、时空资源

当时，有参观南高师附小的教师曾被学校设计教学有分有合、有定有变的时间表弄得晕头转向。（沈百英，1923）其实正是这个复杂的时间表说明俞子夷实施设计教学法成功的原因，即在于具体实施的环节、举措等细节内容，如课时、空间、参考资料、课程资源等多个维度包含在内。我们在实践中，同样深有感触，项目化学习从设计到实施需要很多的"水磨功夫"，需要让学校的空间、时间表、资源设置、教研等都随之进行相应的变革。

二、学校实施项目化学习的中国建构

项目化学习的实施同时涉及学校中的宏观实施和课堂中的微观实施两个层级。学校层级是以校长为主要负责人的团队，涉及学校对项目化学习的整体定位、切入点、实施路径、制度管理、资源调配等各方面的关系。

（一）学校实施项目化学习的切入点

学校在行动之前，需要首先想好项目化学习在本校的定位——它是什么？学校对项目化学习的定位决定了学校开展项目化学习行动的切入点。

就当前中国的教育基本情况而言，学校对实施项目化学习有两种主要的定位，见图2-1。

作为学科学与教方式的PBL

作为学校开发的课程样态的PBL

图2-1　学校实施项目化学习的两种定位

作为学科学与教方式的项目化学习，是和当前素养导向的课程改革方向相吻合的，将项目化学习作为一种素养落地的教学载体。这也是当前国家教育改革政策文件和课程标准的导向。在中共中央、国务院2019年印发的《关于深化教育教学改革全面提高义务教育质量的意见》的文件中，项目化学习被作为教学方式呈现，"强化课堂主阵地作用，切实提高课堂教学质量"，"探索基于学科的课程综合化教学，开展研究型、项目化、合作式学习"。而从2017年以来高中颁发的各科课程标准中，有近10门学科在其教学建议中提到了要用项目的方式来落地课程标准。因此，这一定位的核心，不是额外增加项目化学习课程，而是依托课程标准和教材进行项目化学习的学与教的变革。

作为学校开发的课程样态的项目化学习，是在国家课程方案中，将其放在综合实践活动或校本课程中，开展项目探索，如河流污染治理项目等，结合学校现有的特色，开发项目式的课程。中国的校长们有非常强烈的"推出学校特色""做出学校品牌""找到一个龙头课题带动学校发展"的意愿，从校本课程、综合实践活动入手研发项目课程的风险较低，容易出成果，也容易做，所以往往会成为学校的优先选择。

在初期阶段，学校可以根据本校的实际情况，选择适合的定位。而随着实践的深入，学校会发现两个取向将殊途同归。不管从哪一个角度切入，都会同时带有课程和教学的意义，带来整体意义上的学校变革。

如果学校初期选择从学与教的方式切入，几个项目单元做完后，就需要思考：这些项目单元之间是什么关系？如何建立起项目背后在知识、能力上的联系？比如同样是做古诗项目，不同年级的大概念、鉴赏能力、相关知识就要进行序列化的思考，形成项目化的结构性的单元，并伴随辅助阅读材料、评价量规、学生研究成果等，这些结构性的单元其实已经带有了课程的性质，是基于课程标准和教材的古诗项目单元。此外，古诗项目单元又指向更上位和更具包容性的古诗文的文化传承与理解，文化传承与理解是非常重要的学科核心素养，在这种结构化探索中古诗项目单元获得了课程的意义和价值。

而从校本课程切入项目化学习的领域，初期浅层次的实践往往只是做一个点上的活动或课程，只是一些新奇的课程内容，没有固定的教材，但开放的资源和空间会倒逼教师探索新的教学形式，学生大量的生成和新的想法会让教师主动采用与传统教学不一样的方法。当教师们开始思考这些问题的时候，也已经带有了教学变革的意味，思考得更加深入的学校，也会将其作为撬动教学变革的支点，先从这一部分容易被改变的课程入手，在追求新的课程样态下寻求校本课程中学与教的方式变革，"回流"到学科教学中，进而反哺日常课堂的变革。

从这个意义上看，这两种取向开始融合。当然，并不是所有的学校都会随着时间的推移而加深自己的探索，有一些学校可能会一直停留在初级点状探索阶段，而有些学校会不断突破，走向更深入的变革。

（二）一个在学校分层分类实施的框架

上述切入点是从不同类型的课程切入的，前者主要从国家课程切入，后者主要从校本课程切入。要将项目化学习落地在中国的学校教育情境中，需要与现实的学校课程框架相匹配。

表 2-1 显示了国家义务教育阶段的主要课程类型，可以分成国家课程、地方课程和校本课程。综合实践活动虽然是国家课程，但也往往是由学校开发，所以有一定的特殊性，需要单独列出。根据不同的课程性质，项目化学习的定位也有所不同。为此，我们分出三种类型的项目：活动项目、学科项目、跨学科项目。[①]

表 2-1　一个在学校分层分类实施的框架

学校实施项目化学习的切入点	学校中的课程类型	具体表现	项目化学习类型
作为课程样态的项目化学习	校本课程	带有探究性质的校本课程、校园活动、德育活动、主题活动	活动项目
	地方课程	地方文化遗产、历史遗迹等在地课程资源	活动项目
	综合实践活动	劳动教育、社区服务等	活动项目
		研究性学习	跨学科项目
作为学与教方式的项目化学习	国家课程/国家课程+综合实践活动	国家课程的项目单元设计	学科项目
		带有探究性的学科综合活动、学科探究作业、学科单元设计	学科项目
	国家课程/国家课程+综合实践活动	两个以上学科的跨学科单元设计、跨学科探究	跨学科项目

①　在《项目化学习设计：学习素养视角下的国际与本土实践》一书中探讨了超学科项目，我们认为当下对绝大多数学校而言，还不太具备做超学科项目的基础，所以在这本书中不对超学科项目做太多探讨。

从课程类型的分布上说，活动项目基本上是在校本课程、地方课程和部分的综合实践活动中；学科项目主要是在国家课程中，或者是将国家课程和综合实践活动相结合；跨学科项目涉及两个以上学科或纳入综合实践活动。

课程类型的差异带来了三类项目在目标、主要关注的知识类型、问题类型、探究形态上的差异。我们用表 2-2 来表示。

表 2-2　三类项目的差异

	活动项目	学科项目	跨学科项目
项目所指向的目标	学习素养	学习素养 学科素养 －学科大概念 －学科核心知识 －学科关键能力	学习素养 跨学科大概念（可选） 学科素养 1 －学科大概念 －学科核心知识 －学科关键能力 学科素养 2 －学科大概念 －学科核心知识 －学科关键能力 ……
项目主要关注的知识类型	策略性知识 元认知知识	学科概念 学科内容知识 策略性知识 元认知知识	跨学科概念 所跨学科的内容知识 策略性知识 元认知知识
项目所指向的问题类型	学生身边、日常的真实问题	学科中与真实情况相关的问题	真实而复杂的问题
项目所指向的探究形态	简单探究活动	学科探究活动	跨学科探究活动

项目化学习的目标虽然带有知识、能力综合的"合金"性质，但是在不同的项目类型中，是有侧重的。

活动项目的目标主要指向信息搜索与整理、合作沟通、创造性、问题解决等通用的学习素养，不将学科内容知识作为重点，而是关注实践操作、问题解决等策略性的知识，也注重在项目过程中引导学生反思自己的问题解决过程，对项目过程进行元认知的监控。这种项目的探究时间不会太长，是以日常的真实问题解决为导向的简单的探究活动。

学科项目和跨学科项目的目标和知识类型是双线并进的，一条线指向这门学科或跨学科的大概念、核心知识、关键能力，另一条线指向学习素养。学科项目和跨学科项目中也会涉及低阶的认知目标、学科内容知识，但是强调用高阶包裹低阶。学科项目和跨学科项目都是带有一定深度的学科探究或跨学科探究，从情境进入到更抽象、更理性的层面。

在活动项目和学科项目、跨学科项目的分类中，我们受到杜威观点的影响。杜威曾经深刻地剖析过"做中学"思想映射的两种原型：第一种是手工艺活动；第二种是科学探究活动。两种活动在内容、过程、结果方面存在差异。（张建伟 等，2006；张建伟，2008）而这两种原型正对应了活动项目和学科项目、跨学科项目，见表2-3。

表2-3　"做中学"思想映射的两种原型与项目类型的划分

	手工艺活动	科学探究活动
活动内容	生成外显的、成形的活动结果	关注如何通过活动和解决问题形成新理解、新思想、新观念
活动过程	外显的、手工的、具体的、感性的活动过程	内在的、反思性的、富于理性的思维探究过程
学习结果	能够形成解决实际问题的知识技能，更重视面向社会生活和儿童个人生活的实际应用	形成概念性知识和发现知识的方法与态度
项目类型	活动项目	学科项目，跨学科项目

手工艺活动代表具体可感的实用性活动，而科学探究活动代表抽象理性的求知活动。在项目化学习中，我们不能只关注手工艺原型的"做"的形式，而忽视科学探究原型的思维活动。

有鉴于此，在活动项目中，我们也应该让学生进入到真实问题的解决中，通过具体可感的实用性活动，引导学生将短暂而表面的兴趣转变为对现象背后的规律或原因的反思。项目成果要与社会生活产生联系，同时反映学生本身的需求和特点；在学科和跨学科项目中，更应该关注学生的新思想、新观念和新理解的生成，引导学生从具体项目中产生概念，形成抽象规律，产生跨情境的迁移。

（三）幼儿园、义务教育、高中的实施：学校层级

幼儿园到高中的项目化学习是连贯一体的。虽然当下我国的课程标准还没有打通，是分段进行的，但是从国际发展趋势看，从连贯的角度来理解从幼儿园到高中的学习进阶是一个趋势。学习进阶是对学生在各学段学习同一主题的概念时，所遵循的连贯的、典型的学习路径的描述。（翟小铭 等，2015）哈伦（2011）指出，从幼儿园到十二年级，学生应掌握与其学段相符的基本的科学大概念。

从项目的类型上说，我们建议幼儿园和小学低段以活动项目为主，适当进行学科和跨学科项目；中学阶段，学科和跨学科项目的比例逐渐增加；到了高中，不应该再进行活动项目，应该以学科项目和跨学科项目为主，尤其是跨学科项目应该达到一定的比例。（见图 2-2）

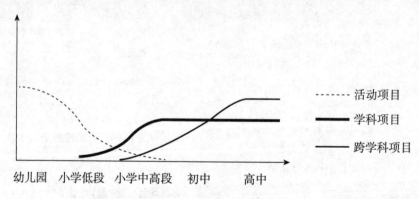

图 2-2　幼儿园至高中项目类型分布图

项目研究的深度随着年段的发展也不断深入，所涉及的知识、能力的综合性、深度进一步增强，从日常的知识、简单的学科知识的运用到强有力的知识（powerful knowledge）在情境中的学习与抽象，迁移到新情境中。

如下我们对每一阶段的项目定位做了一个基本分析。在学校层级的实施上，重点是把握整体的项目方向和定位，思考做什么样的项目对这个年龄段的学生是适合的。

1. 幼儿园的项目定位

幼儿园的项目化学习探索以中大班为主，小班目前较少涉及。我们认为，儿童是天生的学习者和探究者，对周围的事物有强烈的好奇心。幼儿园的项目化学习就是要顺应儿童的这种天性。

学习基础素养的前期实践表明，在幼儿园进行项目化学习是可行的。很多幼儿园结合各园的特点进行了项目化学习，比较成功的是在自然科学、工程技术等领域，因为儿童可以看到、感受到来自自然界的丰富多样的现象，产生真实的问题。幼儿园的项目化学习通常覆盖搭建、动物、植物、天气与自然现象等不同的主题。

相比较于其他阶段，幼儿园的项目具有这样一些特点：需要更关注儿童的声音，驱动性问题来自幼儿真正感兴趣的问题；项目更具有生成性和延续性，从一个项目中生长出另一个项目，而不是用固定的预设的项目去框住幼儿；项目不要求幼儿一定产生可见的解决问题的成果，更侧重培育幼儿的学习品质，通过项目书、问题解决锻炼幼儿的执行能力，培育幼儿的计划性、主动性、坚持性；因为要挖掘幼儿的多元智能和关照他们的个性化发展，幼儿园的项目要考虑领域覆盖面的均衡，让幼儿在多样的项目中发现探索的乐趣。

2. 义务教育阶段的项目定位

义务教育阶段的项目定位可以从小学低段、小学中高段、初中段来分别考虑。

在小学低段，要和幼儿园大班整合考虑，在项目的开展形式、主题上有一定的衔接性，促进儿童对自我、对学校所处周围环境的了解。

在小学中高段，学生已经形成了对学习、自我的一定理解和认识，信息搜索、整合和抽象思考能力有了一定的发展，学生工作记忆的容量要大于前一时期，可以开展学科项目和跨学科项目。但是学校在项目整体数量、难度上需要考虑，控制背景知识的复杂程度，避免过多过重的知识负担，减轻学生的认知负荷。

到了初中，学生的大脑进入第二次发展的高峰期，抽象性有了进一步的提升，学生开始接触到更广泛的学科知识，对自我、社会、学科中的各种问题开始有更深入、抽象的思考和想法。

这一时期的项目仍然需要尊重和倾听儿童的声音，鼓励他们提出真实世界中的问题，将所学知识和真实世界建立起联系，提出更有深度的问题；这一时期的项目同样不应该片面强调学生的项目成果，应侧重引导儿童养成良好的思维习惯，对问题进行整体思考，学会反思项目历程，同时还要珍惜和重视学生在项目过程中的新想法，引导学生评估他人的想法；这一时期的学科项目、跨学科项目的比例有一定的提高，在项目选择上仍需要考虑其领域覆盖面的均衡，引导学生发现自己的潜能；初中阶段的学生已经开始有一定的领域偏好，要提供项目的多元选择，即使在同一个项目中，也可以提供指向不同学习程度和类型的任务。

3. 高中的项目定位

高中时期的学生已经积累了一定的探究经历，抽象性、全局性、策略性的思考有了更大的发展。高中阶段的学生对自我、周围世界、相关领域的知识有了一定的积累，他们的沟通、合作能力更加成熟，开始有了对自己擅长做什么、不擅长做什么的初步认识。在学科领域，他们开始接触到更本质的问题和更有挑战性的学习内容。

这一时期的项目需要更多地关注真实世界中的复杂问题，培养学生的社会责任感，理解、尊重和倾听学生的声音。驱动性问题往往来源于更本质的学科重点问题，或真实世界中的复杂问题，学生可以参与到真实的组织中发现相应的问题。这一时期的项目应该让学生有更深入了解专业领域的机会，引导学生像真正的领域专家一样参与到研究和产生成果的过程中，对研究成果的可信、可靠，所运用的资源、工具、技术的复杂性都有所要求；这一时期的学科项目、跨学科项目的比例有一定的提高，项目周期可以更长，可以有持续一个学期甚至几年的项目；在项目选择上，需要考虑到学生的个性化志趣，同时也鼓励学生在新的项目中发现自己的潜能；这一时期的项目应该让学生在探索未来的职业、生涯规划上提前感受和分析自己在真实世界中的擅长之处，澄清自己是怎样的人，自己更喜欢的是什么样的生活，通过这样的项目，减少学生在大学选择上的盲目性。

三、教师实施项目化学习的中国建构

教师是项目化学习实施的关键。中国教师高管控、高结构、小步骤的教

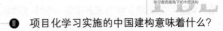

学方式与项目化学习低结构、问题解决式的实施方式之间存在一定的张力。如何处理这一张力是项目化学习中国建构的关键。

（一）什么是项目化学习实施的"最佳结构"？

教师们在实施项目化学习时往往会问：项目化学习的实施是不是有一些特定的模式？和我们现在的教学有什么不同？我要不要先把学生教会，再让他们探索项目？这些问题我们将其归结为一个问题：是否存在一个在中国教育情境中实施项目化学习的"最佳结构"？对此下面重点探讨三个问题。

1. 项目化学习实施中是教师指导为主还是学生自主探究为主？

在有关项目化学习实施的研究中，有一种观点秉持"最少指导"的原则，认为学习者需要在没有或尽可能少的指导下探索现象和难题。这一假设已经被反复证明是有问题的。（Mayer，2004）

Kirschner 等人（2006）大力抨击了这种观点，提出，几乎没有证据表明无指导和基于经验的方法可以促进学习，对新手和中等学习者而言，应该采用直接、强有力的教学指导，而非基于建构主义的最低限度的指导。

无指导的探究实践不能促进学习有很多原因，已有研究提出如下几点：学生不清楚探究的目标（Kapur，2015）；有很多无关因素的干扰增强了学生的认知负荷（Sweller，1988）；学生的错误得不到指点，缺乏足够的练习，迟迟解不出问题带来了沮丧和失望情绪（Hardiman et al.，1986）等。

前述俞子夷的中国探索表明，教师指导是一定要的。如果没有指导，就会变成儿童漫无目的的随心所欲，学习的发生就变成一件偶然的事情。

2. 项目化学习实施是要先教再用吗？

在中国探索项目化学习的进程中，相比较于"完全放手"的"放任式"的项目化学习，我们又看到了另一种景象。中国课堂一直被认为是"高结构"的典型代表，有自己较为成熟的模式和方法，注重讲授—练习。教师习惯的教学顺序是先集中讲解关键知识，然后再通过变式的方法或布置课外题的方法让学生进行练习、应用。在实践过程中，我们也发现，当这种习惯性的教学顺序延伸到项目化学习中，教师习惯采用引出驱动性问题后直接进行讲授再应用的方法。那么，这种教学顺序是否有助于学生开展持久而灵活的深度学习？

关于项目化学习的教学时机、教学顺序、有效失败的研究给我们提供了新的视角，让我们认识到恰当的教学时机能够更有效地促进学生学习。

　　早在 20 世纪 90 年代，施瓦茨等人（Schwartz et al.，1998）就对问题解决过程中"何时进行讲授"进行了研究，发现与最初就进行结构化的教学活动相比，非结构化活动之后的教授可以提供更多的结构，从而激发更多的学习。

　　有研究者（Van Lehn et al.，2003）指出，教学需要延迟，延迟到让学生到达"僵局"，即在学生探索失败不能再解决问题的时候教师再进行教学，这样更富有成效。教学如果提前，即如果学生没有达到"僵局"，即使教师清晰地解释了所要教授的原理，学习也几乎没有发生。

　　卡普尔（Kapur，2008）报告了一系列关于有效失败（productive failure）的准实验研究。有效失败是指，学生没有自己形成或发现标准的解决方案，但是，学生有可能在此过程中经历生成和探索多种表征方式与解决方案的过程。而这个时候再提供针对目标概念的直接教学，学习将是富有成效的。（Kapur et al.，2012；Schwartz et al.，2004）

　　3. 项目化学习实施的"最佳结构"是怎样的？

　　上述这些研究都表现出一种类似的实施结构。学习者参与了相对开放或低结构的探索活动，然后再接受教师结构性的教学指导，从而产生长期的学习效果，表现出的实施样态是：

　　Ⅰ　低结构（low）的探索—高结构（high）的指导（LH）

　　与之对应的是传统教学中常见的直接教学，或者说先教授学生要学习的知识再让学生去探索应用，表现出的实施样态是：

　　Ⅱ　高结构的讲述—高结构的指导 / 练习（HH）

　　Ⅲ　高结构的讲述—低结构的应用（HL）

　　而在探究型课程 / 研究性学习中，教师又不敢教或不知道如何教，更多的是发布任务后让学生自己研究，表现出的实施样态是：

　　Ⅳ　低结构的自由探索—低结构的呈现结果（LL）

　　基于上述对讲述时机、有效失败的相关研究，Jacobson 等人（2013）的教学结构序列（sequences of pedagogical structure framework，SPSF）形成了如下 2×2 的矩阵（见表 2-4）。实证研究结果表明，LH 组的表现显著优于其他三组。

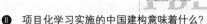

表 2-4　教学结构矩阵分析

低结构—低结构（LL）	低结构—高结构（LH）
高结构—低结构（HL）	高结构—高结构（HH）

　　而类似Ⅱ和Ⅲ这样的实施结构，在当下的学习中会迅速地产生短期的学习表现，但是从长期来说，不会促进学生学习的迁移。因为，第一，学生往往没有必要的先前知识，缺乏足够的分化，以识别和理解目标概念背后所蕴含的特定领域的表征和方法；第二，在直接教学中，概念往往是以组合好的、结构化的方式呈现，而学生可能并不理解为什么这些概念及其表征和方法要用这些方式加以组合和结构。（Jacobson et al.，2013）而且，根据上述研究，短期的、当下的学习表现和长期的学习表现之间是不可通约的。也就是说，如果我们为了追求短期的效果而要学生马上表现出学习的成效是会牺牲学生长远的学习成效的。反过来亦如此。

　　上述分析在一定程度上回应了项目化学习的效率问题。从当下看，学生的探索是失败的，但是他们努力调动已有经验思考和分析，从长期看，学生有可能获得更深刻而丰富的理解。这个问题在中国的教育情境中显得尤其重要。在中国的课程中，学习内容很多，学习进度很快，考试也多，如何在规定的时间内完成规定的内容，项目化学习就面临"性价比"的拷问。

　　有鉴于此，项目化学习的实施结构更适合采用Ⅰ的结构，并在不同的阶段加入支持学生探索的脚手架，以此兼顾中西教学之长。

（二）一个指向长期学习效果的教师实施框架

　　总体来说，我们应该将项目化学习定位为一种有指导的探究式学习，而不是无指导的探究式学习。（Hmelo-Silver et al.，2007）但是，目前各项目化学习本身的实施过程是否体现了上述这种指向长期学习效果的教学导向呢？

　　Larmer 等人（2015）将项目化学习大体分为四个阶段：引入阶段；建构知识和技能阶段；作品完成阶段；作品呈现阶段。我们在《项目化学习设计：学习素养视角下的国际与本土实践》这本书中提出了项目化学习的六个阶段：（1）入项活动；（2）知识与能力建构；（3）探索与形成成果；（4）评论与修订；（5）公开成果；（6）反思与迁移。（夏雪梅，2018）

　　如何基于上述关于"最佳结构"的研究对现有的项目化学习的实施阶段

进行优化？

　　如果用上述研究来分析 Larmer 的四阶段或是我们的六阶段，会发现，判断现有的阶段是否体现 LH 的结构，关键在于每一阶段的前后关系和每个阶段的定位。比如，就入项而言，如果入项只是介绍驱动性问题，激发学生兴趣，进行项目分组，而不对驱动性问题进行初步的探索，进行头脑风暴，暴露自己已有的想法，那么入项的"引发认知冲突"的价值就不够。同样，如果我们将知识与能力建构只是定位成讲课，而不考虑入项中学生已经暴露的认知难点，那就还是换了种名称的知识灌输。有鉴于此，我们需要对每一阶段的关系进行明确的定位，以让学生经历、体验"有效失败"。

　　图 2-3 是我们 2018 版项目化学习实施阶段。

图 2-3　2018 版项目化学习实施阶段

图 2-4 是我们 2020 版项目化学习实施阶段。

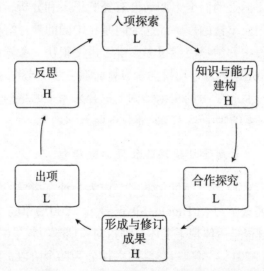

图 2-4　2020 版项目化学习实施阶段

　　学习素养视角下的项目化学习形成低结构—高结构的循环，在每一次从低结构到高结构的变化过程中，都会涉及学生的认知和理解的新变化。后一阶段的高结构都建立在前一阶段的低结构的探索之上，精准而有效地指向学生出现的认知难点。

入项探索：学生对驱动性问题进行自由探索、头脑风暴，进行真实体验，产生惊讶、疑惑，通过可视化工具暴露自己对驱动性问题已有的想法，形成认知冲突。

知识与能力建构：基于入项中学生暴露出的认知难点，在这一阶段通过更深入的文本、工具和支架持续深化学生的探索，进行有针对性的教学、报告、微视频分享，通过提供富有支持性的指导，引导学生对问题形成新的认识和理解。

合作探究：学生带着新的理解再一次进入到低结构的合作解决问题过程中，学生组成项目小组，相互之间进行对话，借助学习工具分享不同的观点，涌现出与入项、知识与能力建构阶段有迭代的解决方案。

形成与修订成果：根据合作探究中暴露出的各种解决方案，教师引导学生进行集中的批判性分析，评估其可行性、与问题的匹配性以及其中的知识严密性等。整个项目形成可行的成果方向，进行成果的迭代。评论和修订是根据标准、量规进行的再度高结构的过程。

出项：出项是学生展示自己和同伴对项目的理解与成果，学生可以用非常丰富、自由的样态来呈现自己的项目过程和成果。

反思：反思是回顾项目历程，可以在教师引导下对前期的各种过程进行高度结构性的反思，以最有效地聚焦于前期的失误、经验和教训。

上述结构只是一种方式，并不是项目化学习唯一的方式。同时，我们也可以采用诸如子问题层层推进解决的实施逻辑，在每个子问题中都采用低结构的探索—高结构的指导和讲授的逻辑。（见图 2-5）

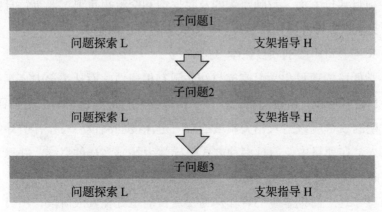

图 2-5　项目化学习实施历程之子问题

总之，不管是何种实施方式，总的原则是先让学生有"有效失败"的经验铺垫，再进行有针对性的、结构性的教学，让学生对项目、核心知识有更深入和分化的理解，经过自己的认知加工，增强知识的深度、灵活性和持续性。

（三）幼儿园、义务教育、高中的项目化学习实施：教师层级

在教师层级上，由于学生的发展阶段不同，不同年段的项目在实施时也是有差异的。

1. 幼儿园的项目化学习实施

在幼儿园的项目化学习探究中，教师需要特别关注项目的来源，观察、记录儿童感兴趣的问题，通过提供资源、材料引导儿童兴趣的持续。项目进程中不刻板遵循事先的步骤，不用特定的成果框定幼儿。同样的问题，不同的幼儿感兴趣的点有可能是不一样的，他们会在项目化学习中需要不同的支持。为此，教师要允许儿童多元的探索方向，在幼儿出现兴趣不足的时候，可以提供新的工具，如新的绘本、新的测量工具等支持儿童的探索。

有鉴于这一时期儿童的合作沟通交流技能还处在发展阶段，这一时期的项目可以让儿童独立探究，或组成两两伙伴进行探究；教师为学生提供安全的、多样的材料和环境，鼓励儿童用符号、图画等多种方式表达自己的真实想法。

在项目评价方面，教师每天的及时反馈和交流很重要，要有每日的圈谈和定期交流，引导儿童用符号等多种方式表达自己的想法。

2. 义务教育阶段的项目化学习实施

小学低段的项目化学习实施与幼儿园有相通性，而从小学中高年级开始到初中，教师所设计的项目的思维性、持续探究性应有所增加。尤其到初中，这一时期的项目应该纳入相关领域的有一定深度的阅读、写作，引导学生思维的深入。在项目中，通过多种方式引导学生暴露多样的思维，并思考大的项目方向，制订项目计划，规划可能涉及的资源。

有鉴于这一时期学生的合作沟通交流技能也处在发展阶段，项目团队的构成可以仍然是两两伙伴，或者组建四人的项目团队。在进行项目前，可以

引导学生对什么是良好的合作、探究的能力进行探讨，达成共识。教师为学生提供的材料应更为丰富、原生态；鼓励学生运用更多样的网络手段、信息技术工具、艺术形式表达自己的想法。

这一时期可以引入文字化的量规、核查清单，引导学生提升项目的过程和结果质量；这一时期的项目评价应该注重学生的自我评价和同伴评价，同伴间的相互评论、建议、反思、修正应该伴随项目的始终。学生的研究能力需要在项目中得到重点的训练，在量规上有所体现。比如信息搜索能力、提出问题能力、沟通交流能力是这一时期的基础和重点，需要用较多的时间来培育。

3.高中的项目化学习实施

高中时期的项目化学习实施要充分激发学生的独立探究意识，激发学生的自主性和同伴之间的合作解决问题能力。教师更应该引导学生关注真实而富有挑战性的问题，引导学生设置高质量的成果标准，在关键节点上引入有思维含量的问题。项目团队的组合可以更加多元，团队成员的数量可以更多，让学生了解和不同类型、背景的人打交道意味着什么。项目团队的导师组成也应该吸纳来自真实世界的专业人员。

高中的项目化学习实施和评价要引导学生产生高质量的项目成果，引导学生分析、评论专业领域的思维方式、质量标准与优秀成果样例，同伴间的相互评论、建议、反思、修正应该伴随项目的始终。

项目化学习实施的中国建构：学校层级

对学校而言，项目化学习实施的中国建构意味着指向核心素养，契合国家课程方案，结合校情与学情，定位项目化学习在学校整体课程中的切入口和路径，在适合的年段和学科做对学生有长远意义和影响的项目，在适当的时机考虑项目化学习的结构化和序列化。

近几年来，项目化学习在学校中的实践呈现出多种样态。

按照实施的主体来分：有学生对自己感兴趣的问题进行研究的个人项目，有以教师为主导设计和引导学生实施的项目。

按照实施的时间长短来分：有只在 1—2 节课中进行的微项目，有在一周或几周里进行的单元项目，还有持续一个学期甚至更长时间的长项目。

按照实施过程中涉及的学科种类来分：有以一个学科为主的学科项目，也有学科融合相互不可分割的跨学科项目，还有从不同的学科视角理解或思考同一个驱动性问题的多学科项目，以及超学科的项目。

分类的方式很多，也难以穷尽。我们根据上一章的分析，分别探讨活动项目、学科项目、跨学科项目的实施样态。

一、活动项目的实施样态

尽管很多学校都在做各种各样的活动，但活动和活动项目是不一样的。活动项目需要纳入一些项目化学习的设计要素，思考如何培育学生在活动项目中的问题意识、创造性与批判性思维等学习素养。

（一）活动项目是什么？

活动项目是学生探索解决身边、日常情境中的真实问题的项目。与一般活动的区别在于，活动项目仍然具有一些关键的项目特征：真实的问题、界定与解决问题、形成项目成果等。

重点目标： 活动项目的目标重在对学生发现问题、分析问题、沟通交流、创造性思考等学习素养的培养。活动项目不以学科知识的获取为主要目标，学生可以综合运用以往所学的知识或搜索相关信息创造性地解决问题。

主要内容： 活动项目的来源宽泛，教师要鼓励学生观察周围的生活世界，在阅读中思考，在劳动中体验，在参观游览中联系以往经验，在共情、质疑中提出各种真实的问题。比如，很多学校都会面临上下学校门口车辆拥堵这样一个真实的问题，那么，如何引导学生注意到这个情境，共情地思考，并愿意投入到这个情境中呢？这就需要教师自己有对生活的敏感性和同理心，同时也需要教师更多地倾听和关注学生提出的问题。怎么解决这个问题呢？

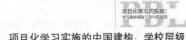

学生就要去分析车辆拥堵的原因，要对高峰时段的车流量进行统计，要进行道路的重新规划，进而思考可能的策略。这个问题情境可以设计成活动项目、数学项目、道德与法治项目、跨学科项目，项目的目标、深度、方向会随之而变化。而如果设计成活动项目，重点不在于学生对统计、计算等知识的学习，而是系统地、创造性地解决问题的思维的养成。

学校课程范畴： 活动项目主要在学校的综合实践活动、校本课程、学生的课余时间中开展。学校的兴趣小组活动、体育活动、专题教育、班团队活动、社区服务、社会实践、节庆、德育等诸多活动都可以改造升级为活动项目。通过融入驱动性问题、项目成果等显性的项目化学习要素，引导学生观察生活、提出问题、手脑并用，培育学生创造性思考、灵活解决问题的能力。

（二）学校的实施路径

几乎所有的学校都可以进行活动项目的探索，尤其是那些原来就非常重视创意活动、探究类活动，校本课程较丰富且有特色的学校，只要稍加调整就可以形成很好的活动项目。

学校在探索的初期，可以考虑以研学、学校节庆日等作为切入口，基于已有的品牌特色活动，引导学生在活动中提出真实问题，进而转化升级成比较典型的活动项目。

学校在尝试一段时间后，可以进一步思考活动项目的结构化。可以是以主题如"一带一路"、能力（如信息搜索能力）等为线索，形成项目的课程模块。如我们在 2018 年推出的康健外国语实验小学的"4+1"跨学科课程，就是对 300 多个活动项目进行的结构化处理，体现了多线索的全校项目的结构。

学校可以因校制宜，创建活动类项目的课时制度。对大多数活动项目来说，不需要额外增加课时，只需要利用学校原有的活动时间。学校如果要进行系列的规划，可以采用固定集中和分散课时等不同的方式：每个学期固定PBL 日或 PBL 周；每周固定半天或一天来开展活动项目；上午实行分科教学，下午实行综合项目；每周用 2 节左右的课时来开展活动项目；等等。

活动项目的源头来自学生，可以由学生自己提出问题，也可以由教师对问题进行完善后使之成为班级的活动项目，而如果是更大范围的全校性的活动项目，可以采用如下活动项目的实施路径（见图 3-1）。

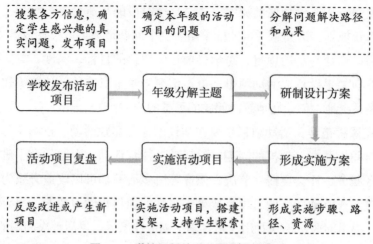

图3-1   学校层级的活动项目实施路径

（三）学校实施活动项目面临的挑战

在课程设置、实施与评价等方面，活动项目有更大的施展空间，但学校也会面临一些挑战。

活动项目因为尊重学生的兴趣，体现真实问题的导向和创新创意，学生会很喜爱，但是这一类项目也容易和国家课程割裂，与国家课程两张皮。对学校而言，要求在育人目标的统领下思考活动项目与国家课程间的关系。这是学校实施活动项目面临的第一个挑战。

学校实施活动项目面临的另一个挑战在于，怎样衡量学生在活动项目中的成长？活动类项目往往很少考虑对学生的评价，更强调体验，所以对于"学生在这样的活动中到底获得了什么"这样的问题很难回答。为此，活动项目需要纳入反思，以增强学生在活动中的获得。反思和反馈可以用多种方式，可以给学生提供相应的反思单，也可以鼓励学生展示项目成果，进行相互点评和交流。

活动项目因其创造性、真实性、生成性，对学校和教师也有一定的挑战。学校和教师需要更加尊重和倾听学生的声音，容纳他们的奇思妙想，而不只要求他们按学校的主题设定展开探索。在校本课程开发领域，最常见的问题就是校长、教师的成人偏好，学校对特色的追求凌驾于学生的兴趣之上，因而常集全校之力关注某个特色，这与活动项目更关注学生真实的问题的倾向是矛盾的。

（四）学校的探索案例

我们发现，学校所做的活动虽然多，但能够关注真实问题解决、容纳学生声音的活动项目，能够将活动项目结构化、序列化的探索并不多。下面两所学校的探索打开了两种可能性。

探索 1：公办学校由学生真实问题生成的项目

华东理工大学附属小学培育儿童提出问题、解决问题的能力，引导儿童基于自己观察到的真实问题开展探索项目，进行个人项目成果和报告的发布。项目主要经历两个阶段。

在第一个阶段，学校鼓励学生提出自己感兴趣的真实问题，并将这些问题进行归类整理。学生提出了很多奇怪而有趣的问题，学校引导儿童列出哪些问题是现阶段值得探索的问题（见表 3-1）。

表 3-1 华东理工大学附属小学的学生提出的问题

食品	安全	劳动	生物	自然现象
• 冷冻的牛排，怎样解冻又快又好吃？ • 口香糖为什么不能被嚼烂？ • 汤圆煮熟了为什么会浮起来？ • 如何分辨生鸡蛋和熟鸡蛋？ • 汽水为什么有气？ ……	• 为什么坐高铁或地铁时需要等候在黄色安全线之外？ • 坐小汽车时，为什么一定要系安全带？ • 平板桥和拱桥，哪个更结实？ • 我们的双手干净吗？ ……	• 怎样切洋葱不会辣到眼睛？ • 衣服上的污渍如何清洗干净？ • 为什么冷气不能熨衣服？ • 哪种方法去除商标纸留下的残留胶痕更好？ ……	• 卧室里的绿植越多越好吗？ • 为什么家里的小狗不需要冬眠，小鸟龟就需要？ • 猫咪的眼睛一天中会有哪些变化？ • 人为什么会有蛀牙？ ……	• 游泳池的水为什么比湖水更透明清澈？ • 为什么雨过天晴会有彩虹？ • 我们生活中使用的自来水是从哪里来的？ ……

学校进而引导学生通过个人、家庭、同伴合作的方式探索这些问题，在探索中，学校给出如下支架：

1.我提出的问题是什么？

2. 我是怎么想到这个问题的？学生需要用 300—350 字说出问题的来源，对想到这个问题的情境做一个描述，可能是生活中的奇特现象，可能是与原有认知发生冲突的现象，也有可能是对自己感兴趣的问题的深入研究。

3. 关于这个问题我的假设。学生要写出 3—4 种假设，提出对这个问题的假设，而且这些假设需要有一定的依据，比如来自某本书或自己的经验等。

4. 我的验证过程。学生要用图片和文字向读者说明自己的实验过程，既便于借鉴，也要为实验的结论提供证据。

5. 我的结论。依据实验的结果，对提出的问题做出回答，提出自己的结论。

对表 3-1 中的所有问题学生几乎都进行了实验，比如关于冷冻牛排解冻这个问题，有学生提出了四种猜测：

猜测一：我冬天盖着被子最暖和，那么用厚厚的毛巾把冷冻牛排包起来是不是也会暖和，从而使牛排解冻得更快？

猜测二：最常见的是自然解冻，这种方法好不好，需要多久？

猜测三：蔬菜瓜果和大米煮之前都会在水里泡一泡，那么冷冻牛排放在水里泡一泡是否也会解冻得更快？

猜测四：冬天下雪的时候撒盐能使雪化得更快，是不是也可以给冷冻牛排撒盐让它解冻得更快？

然后学生选择了同一个品牌和大小相当的牛排进行解冻，控制各种变量，结果发现放在水里的牛排最先解冻。他又进一步进行了分析，理解了解冻意味着要吸收外界的热量，根据这一原理对每一种方法的成败进行了分析。最后，他结合盐和水提出了一个创造性的想法：用盐水来浸泡冷冻牛排，是不是会解冻得更快？这就是一个儿童的创新，结合已有的知识提出了创新的想法。

在第二个阶段，学校需要思考的是如何让这些学生所经历的项目历程成为面向全体学生的课程资源。个人项目提升的是个体学生的能力，如果将部分学生的研究探索扩散到全体学生，就需要学校有意识地站在课程的高度进行设计。在对第一个阶段中表现突出的学生进行分析发现，那些能够主动提出问题并进行持续探究的学生往往具有强烈的创新意识、探究意识，学习主动性强，对长时间研究一个问题有兴趣，具有不畏枯燥、烦琐、重复性工作的特点。华东理工大学附属小学并没有停留在满足于让这些少部分学生做项目，而是转化这些学生的探索，将其扩大辐射到所有的学生，开设形成"像

科学家一样做研究"的项目系列。①

在这样的项目系列中，一个学生所做项目的逻辑、方法、研究的内容和成果通过学校搭建的课程平台扩散到其他学生，引导并重点聚焦在学生科学实践的培育上：

- 提出问题：提出有价值和可行性的研究问题；
- 信息搜索：如何利用搜索引擎、数据库、文献库查阅有关信息；
- 设计和实施探究：基于问题设计可行的研究方案；
- 分析和解释数据：采集并分析数据，基于数据进行预测；
- 研究报告：学习如何写出有理有据、有研究过程的研究报告。

为了进一步深化学生在项目中的收获，我们也建议学校进一步引导学生在反思结束后对项目进行复盘，教师可以追问学生如下问题：

- 曾经遇到怎样的困难，采用了怎样的解决办法；
- 哪几次实验失败了，失败的原因是什么，是如何加以改进与调整的；
- 研究报告修改过几次，有哪些主要的修改点；
- 实验的结论与之前的猜想是否一致，是否让你对这一问题有了新的认识；
- 过程中是否又提出过新的假设，具体内容是什么；
- 在整个研究过程中，哪些人给过你意见和建议，谁的提法令你印象最深；
- 在整个研究经历中，你的心情如何，是否发生过变化；
- 你是否可以画出类似研究的研究步骤图，以供其他同学参考。

这些问题指向学生的元认知培育，项目不仅关注结论的产生，更关注学生遇到的困难、失败和新认识的产生。

探索 2：外国语类学校基于传统节庆活动升级的项目

学校一般会有本校的经典节日，那么怎样让节日活动不仅仅是体验，还能成为学生在活动中发现问题、进行创造性思考的过程？上海福山外国语小学（简称"福外"）一直以来有外语节的传统，2020 年的外语节活动，他们融入了项目化学习的设计要素，进行了一至五年级的整体项目设计。

学校活动项目大的主题指向对在地文化的认同和理解。教师们发现，学

---

① 学生研究的问题和学生所做的项目来自学校的探索，项目系列和问题来自学习基础素养项目组的建议，参与研讨的有学习基础素养项目组的夏雪梅、吴宇玉，华东理工大学附属小学的顾文校长和上海市徐汇区教育局的梁斌科长等。

生虽然生长、生活在浦东，但却不了解浦东的历史发展变迁，对浦东缺乏深入的了解。怎样才能让学生对浦东，对我们所处的这个不确定的时代有更深切的理解？有鉴于此，学校设计了"我爱浦东，畅想2050"这个大主题，希望通过各年级的分问题探索，激发学生主动投入探索浦东在自然环境、交通、建筑等各方面的变化，理解个人与社会历史的变迁，通过自己的创造性思考，规划 2050 年的浦东生活，形成大的格局和策略观。①

在这个大项目中，学校从"我们希望学生在哪些方面进行探索？""我们希望学生具备哪些能力？""我们希望学生学到哪些知识？"三个方面进行顶层设计（见图 3-2）。

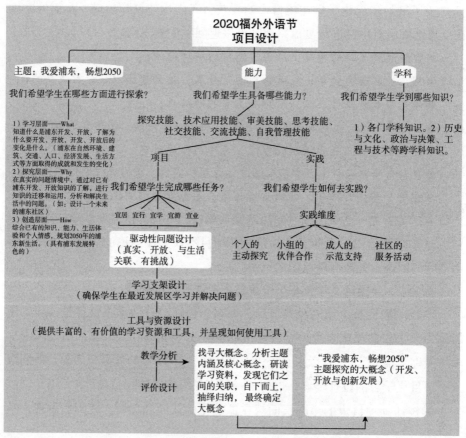

图 3-2　上海福山外国语小学的外语节项目学习设计

①　本项目来自上海福山外国语小学钱芳校长在 2020 年"上海市义务教育项目化学习三年行动计划推介会"上的分享，收入本书时做了部分修订。

然后，学校在每个年级进行一个主题的深入设计：一年级，宜居；二年级，宜行；三年级，宜学；四年级，宜游；五年级，宜业。项目设计引导学生关注真实生活中的问题：

　　小区停车难，没有更多的停车位，是为什么呢？

　　有的小区进行了道路和停车位的改造，压缩了绿化面积，怎么办？

　　小区中安全的儿童游乐和居民健身设施很少，怎么给相关部门提建议？

　　绿化带里有很多狗狗的粪便、零食包装等垃圾，怎么处理？

　　同时，也引导学生关注真实世界中的重大发展对自身的学习和生活产生的影响。以三年级为例，在为期2周的4个项目中，涉及如下学科：语文、道德与法治、自然、美术等。4个项目的概览如下。

项目1

本质问题：未来学校教育如何更好地培养人？

驱动性问题：未来AI（人工智能）机器人能否取代老师？

成果：撰写辩论词，同伴之间自由辩论，组队辩论。

项目2

本质问题：未来科技发展会驱使教育做出何种改变？

驱动性问题：虚拟现实技术会给未来教育带来怎样的变化？

成果：绘制AR（增强现实）对教育带来影响的海报图。

项目3

本质问题：如何改善未来的学习方式？

驱动性问题：如何设计未来学校的课程表？

成果：制作一张2050年的福外课程表。

项目4

本质问题：如何改善未来的学习环境？

驱动性问题：你眼中未来学校的场馆是什么样子的？

　　成果：设计不同功能场馆的图纸并搭建模型，配合图文或视频讲解未来学校的空间变化以及如何使用。

年级出项

　　1.未来学校创意展示会，分享你们对未来学校的畅想创意，投票选出你心中最理想的项目学习成果。

2.未来学校教育演说家，用具有表现力和感染力的方式表达你对未来学校教育的探究成果。探究内容要有深度，能体现主动探究、主动反思及批判性思维。

所有的年级都是在新冠肺炎疫情期间开展活动项目，采用线上项目的方式。在项目开发上，采用更加扁平化的方式，不同学科的教师共同备课和上课，各年级项目研发团队拟定主题的实施方案，设计各自年级的入项活动，录制微课视频。项目开始后全年级统一开展入项课，班主任、搭班教师进入班级，进行分组和个别指导。整个活动项目包括如下流程。

（1）年级入项：每班正副班主任为学生开展外语节入项活动。教师宣讲探究主题，提出驱动性问题，学生根据自己的兴趣选择研究的子问题。学生观看由各年级项目研发团队以某一问题为例录制的讲解视频，教师从调查前期、中期、后期三个方面，对如何一步步开展问题的研究活动进行细致生动的示范说明。

（2）班级指导：教师在班级内小组分工、活动时间安排、探究活动主要步骤及表现性评价标准的制定等方面给予学生指导，鼓励学生以小组合作探究的方式，运用多种媒体方式，开展调查研究，寻找解决办法。

（3）合作探究：项目的问题激发了学生的探索热情，在教师的指导下，学生根据兴趣自由组合。每个班都分成4—6个小组，共同探讨如何分工，然后每个人认领任务，利用五一假期开展调查访问活动。探究的过程，就是不断尝试、不断改进的过程。比如，为了解决宠物随处便便的问题，学生在家长的帮助下，充分利用家中已有材料，经过多次尝试和优化，制作完成了干净又环保的宠物便便清理器。

（4）社区实践：学生根据探究主题，进行相关的前期信息检索，包括网络搜索、翻阅书籍、咨询家长、微信调查。他们走访物业进行调查，采访保安和行业内专家，了解自己居住小区的第一手信息。在走访前，学生在教师和家长帮助下设计了访谈表，融入自己的所思所想。在采访过程中，学生大胆提问、仔细聆听、认真记录。采访结束后，与小组成员进行交流、评议。

（5）探索成果：学生学会运用多媒体辅助手段，边学边用多种软件，不仅学着用自带统计功能的问卷星等小程序来做调查，还在整理信息中使用了PPT，使用了X-mind来做思维导图。在提出解决问题的对策时，运用数学思维提出基于证据的判断。比如在探讨景区停车困难问题时，提出停车场车位配比数可以按照景区占地面积或旅游人数进行计算，后者相对准确。同时，学校也鼓励学生不断扩大自己成果的社会价值，多个小队采用邮件的形式，将发现的问题和拟定的解决方案告知景区相关部门。

二、学科项目的实施样态

伴随着学科核心素养的提出，与大单元、情境化的设计理念相呼应，国家课程的项目化实施成为落地学科核心素养的一种载体。受分科教学传统影响，相比跨学科，教师所受的学科训练会让他们更容易接受本学科的项目化学习。而2017年推出的高中课程标准中，有近10门课程的教学建议中提到项目化学习，这也是学科项目推进的基础。

（一）学科项目是什么？

学科项目是学生自主或合作探索学科中与真实情境有关的问题的项目。在解决这一类的真实问题中，学生深度理解学科核心知识，在做事中体现学科关键能力，在成果中体现学科核心素养。学科项目以某一学科为主，在必要时涉及其他学科。学科项目可以是国家课程的项目化实施，也可以是学科拓展活动的升级。学科项目旨在运用学与教的方式变革，改变学生机械学习、浅层学习的样态，提升国家课程的实施质量。学科项目建议采用单元的方式来设计，以此控制学科项目的复杂程度和持续时间。

重点目标： 学科项目的目标要基于国家的学科课程标准，寻找对应的课程标准中的核心知识与能力。如果课程标准本身有大概念的设计，那目标性就更为明确。基于课程标准的学科项目促使我们回归本源思考：为什么要做这个项目？对学生的价值和意义何在？在这个年段学科项目推进到什么深度更适合？在具体设计中，除了课程标准外，还需要参考学期目标和教材的单元目标。为此，教师一方面应该深入研究教材，理解教材单元的组织逻辑，同时又要跳出教材，站在学科核心素养培育要求、所教学生的学情角度，思考如何建立更能促进学生学习的项目单元。所以，教师需要关注单元最核心的知识与能力，而不被单元中琐碎的知识点束缚，应该在确定了最高阶的目标后，再尝试用高阶目标去统整和包裹细碎的知识点，建立起知识间的内部联系。此外，学科项目的设计有时候还需要基于这个单元的目标，考虑如何关联到以往所学的类似目标，以及如何为未来类似目标的学习奠定基础。教师在设计时不仅仅看一册教材，有时候需要同时看整个小学或初中段的教材中的相关内容。如果是语文项目，还需要同时考虑与教材"快乐读书吧"中推荐阅读的书目的匹配程度。所以，学科项目的设计非常锻炼教师对教材的解读和站在学科课程、单元角度的整体设计能力。

主要内容：学科项目诞生于学科与真实世界的交织之地。学科项目的来源覆盖最上位的课程标准以及学生的学习难点。从课程标准的层面上说，很多学科的关键能力和概念都源于真实情境并需要在真实情境中深化理解；从教材的设计而言，语文、数学、科学、道德与法治等学科教材本身已经开始有更"情境""任务"化的单元导向；从学生学习的视角而言，那些学生感受到的学科难点、迷思概念，那些需要通过实地实践、动手实验等才能理解的知识也是学科项目的孵化地。

学校课程范畴：学科项目主要是在相应的学科课程中展开。一般不建议为了某一个学科项目的实施大量地额外增加课时，可以适当调整与这一项目临近的班会、校本课程、综合实践活动等课时。同时，学科项目中因为涉及信息搜索、阅读、学科项目成果呈现等，可以整合信息技术、艺术课的课时。此外，也可以通过减少常规作业、调整作业的性质等方式来促进学生对学科项目的实施。

（二）学校的实施路径

学科项目指向国家课程的校本化实施，进行学与教方式的变革。如果学校有深入到学科课堂探索的决心和勇气，可以探索学科项目。学校在推进学科项目时，并非要全学科推进，可以考虑先试点1—2个学科，产生一些成功样例后再逐步扩展到其他学科。如下是一些可行的建议。

（1）学校可以基于校情选择1—2个学科来设计学科项目。可以选择科学、道德与法治等与真实世界联结紧密的学科，也可以选择语文、英语、数学等更为基础的学科。

（2）学校可以基于选定的学科课程标准，梳理该学科中比较核心的知识和能力单元。从学科性质来看：语文学科，初中可以选择教材中的活动探究单元，小学可以选择主题更加明确、文本类型更加清晰的单元，比如童话创作、神话单元等；科学学科，可以选择有明显项目成果特征的内容单元；数学，可以选择数学广场中的内容，以及统计类、几何图形、小数的运用等单元；艺术学科，可以从鉴赏单元、输出性的单元切入，比如创编歌曲、进行艺术鉴赏和创作等。

（3）学校可以根据"以终为始"的原则，设计学科项目成果和过程的评价量规，考虑怎样的项目成果和实践过程能够体现学生对该学科核心知识与能力的掌握，然后思考学生在怎样的驱动性问题下展开探究和学习。

（4）学科项目需要学生具备提出问题、合作与沟通、倾听与表达等学习素养。在日常教学中关注学生这方面能力培养的学校，为学科项目的开展奠定了基础。

学校实施学科项目可以参考如下路线图（见图3-3）。

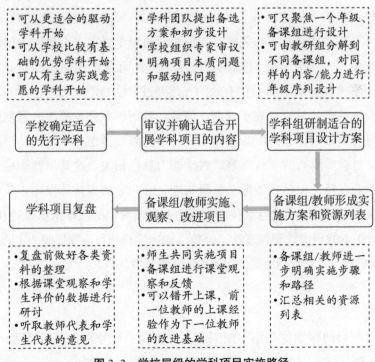

图3-3　学校层级的学科项目实施路径

（三）学校实施学科项目面临的挑战

因为学科项目的实施涉及学与教的深水区，与教师习惯的知识点教学不一样，所以学校在实施学科项目时面临的挑战要比实施活动项目时更多。

学校面临的挑战之一在于如何让教师从按部就班进行一堂堂课的讲授到基于单元和问题架构项目；要让习惯了依据教案一节节教授教材圈定内容的教师，从讲一道道题目、一个个知识点转变为提出具有挑战性的大问题，引导学生思考、界定问题，并形成问题链，引导学生主动思考和探索。

学校面临的挑战之二在于学校需要系统梳理学科知识体系。在基于单元设计学科项目时，理清单元的知识结构，提炼出单元的核心知识与关键能力，并转化成本质问题、驱动性问题；根据项目主题适当调整学科单元、单元内的某个教学内容的教学顺序；对教学内容进行适当压缩、补充和重组；根据项目成果的需求开发学习支架和资源，补充有针对性的微视频、文本阅读资料等。

学校面临的挑战之三在于改变只教知识点、先灌输后应用的教学思路。强调学科与真实社会之间的关联，如何用学科所学做事，突出学生的能力培养和思维发展；不急着先将知识点灌给学生，而是先让他们经历认知"僵局"，经历探索的过程，再提供有效的支持和过程性的评价反馈。

学校面临的挑战之四在于课时、绩效、教研、专业发展等一系列的制度保障如何与学科项目相匹配。具体来说，可能需要考虑如下方面：学科项目的实施，与教师原有的学科理解、教学能力息息相关。这就需要学校给教师更多的专业支持，包括在备课、教研制度、时间上的支持和保障。学校对于参与项目化学习教学实践且取得一定成绩和创新突破的教师给予扶持和激励，激发教师探索的积极性和创造性；学校层面的学科项目需要形成一定的反思复盘和迭代机制，以形成高质量的国家课程实施资源。

（四）学校的探索案例

学科项目的探索这几年刚刚兴起，大多数学校是从学科拓展活动开始，逐渐融入项目化学习的要素。这种类型往往表现为"新知+项目"的逻辑结

构，实施起来相对比较容易。而在学术要求更为严谨的项目化学习中，表现为在项目中学习新知、理解新知，将项目的逻辑和知识的学习逻辑整合在一起。这种类型相对比较难，尤其在文科类的实践中比较少。如下呈现的两所学校及其语文、英语项目都是在这个方向上的探索。

探索 1：传统优质学校指向"双线并进"的学科项目 [①]

上海市高安路第一小学（简称"高安路一小"）作为学习基础素养项目校已经有五年了，一直在进行国家课程学与教的变革。作为传统优质学校，学校有很高的教育质量，但校长和教师还是在不断探索怎样让学生的学习更灵活、更深入、更持久。在项目化学习的探索中，学校直接从语文、数学两门主要课程切入，在这两门学科中进行常态化的实践，近些年来进一步延伸到了自然、艺术等其他学科。

学科核心素养的发展有延续性，需要理解每一个要素脉络的走向。从高中的语文核心素养来看，以其中的"文化传承与理解"为例，思考在小学阶段有怎样的内容指向这一素养。小学中的"汉字与汉字文化""古诗文与民族文化"都与之相关，引导我们筛选、判断什么样的项目在这个年段更值得做。

但是，当下的古诗教学是否能够担当起这样的功能呢？我们发现，传统的古诗教学往往是这样的：重点讲解古诗中每个词语的意思；强调学生对古诗词的背诵和默写；讲解整首诗的意思，介绍一些背景资料，让学生体会作品的情感。这些对于学生积累古诗学习的经验有一定的作用，但是并没有达到文化传承的目的。学生是否有主动学习古诗的兴趣和动力？学生每一首古诗都会背了，但是，学生学过了一首思乡的古诗，当他们再遇到一首类似的诗歌时，却还要习惯性地寻求老师的讲解。中国古诗词很美，学生能在适当的场合用这些诗句表达自己的感受吗？为此，学校和学习基础素养项目团队共同探索古诗的项目化学习。

基于小学语文第九册第七单元的《山居秋暝》《枫桥夜泊》《长相思》这三首诗，学校的备课组进行了分析——

---

① 本部分内容来自夏雪梅所带领的项目团队与上海市高安路第一小学的滕平校长所带领的教师团队合作的成果。该校参与本项目的教师有：马骥、何麒、丁莉。

王维的《山居秋暝》是著名的山水名篇。这首诗描绘了秋雨初晴后傍晚时分山村的旖旎风光和山居村民的淳朴风尚，表现了诗人寄情山水田园并对隐居生活怡然自得的满足心情，以自然美来表现人格美和社会美。

《枫桥夜泊》是唐代诗人张继的作品。这首诗描写了一个秋天的夜晚，诗人被江南水乡秋夜优美的景色吸引，领略到一种情味隽永的诗意美，表达了诗人旅途中孤寂忧愁的思想感情。

白居易的《长相思》用流水和高山引出思念的情怀，特别是那一派流泻的月光，烘托出哀怨忧伤的气氛。

这一组古诗，充分表现了"景者情之景，情者景之情"。而古诗中"情与景"这一对关系是构成"意境"最基本的两个因素，"意境"又是具有中国民族特色的美学范畴。如何让孩子感悟这样的一种意境美？基于审美是学生语文核心素养培育的重要方面，可以在古诗教学中融入项目化学习的要素——

以三首古诗作为项目化学习单元，教师依据义务教育语文课程标准中对五年级学生在诗歌中应该达到的水平要求（如想象诗歌描述的情境，体会作品的情感），确定了本次古诗项目化学习的核心概念：寓情于景、情景交融，即"古诗中情与景的关系"。以驱动性问题"作为一个诗歌鉴赏家，怎样通过你的研究向普通读者呈现诗是如何通过景物来表达情感的？"贯穿整个学习过程，并通过拓展阅读，以小组为单位，完成古诗中的"情与景之间的关系"研究报告，来呈现自己对于概念的理解和迁移应用。

项目进程中，将这一驱动性问题分解为几个有逻辑关系，都指向情与景关系理解的子问题：（1）诗歌中描写了哪些景物？（2）诗人为什么选择这些景物？（3）你对诗歌中情与景的关系有了哪些新的认识？在问题驱动下，学生通过课内学习、课外阅读，通过小组交流分享，层层深入研究，在理解的基础上，完成研究报告。

学生通过课内外古诗阅读，发现诗中的情与景关系密切。例如，有的小组学生阅读了两首古诗，发现作者选择的景物是完全不同的。对景物的描写有动态描写，也有静态描写，但都体现了"思乡"这一情感。有的小组成员发现古诗中有些古诗描写同样的景物，但表达了作者不同的情感。他们把情与景的关系用表格、思维导图的形式进行呈现。

在学生的分析过程中，我们发现，学生不仅理解了古诗中情与景的关系，还知道读古诗要"知人论世"。"知人"指的是了解作者，也即诗人；而"论世"，指的是了解当时的社会背景，诸如当时的社会风貌、经济上的兴衰、学术风气等。诗人的经历和创作诗歌时的社会背景可能会对诗人所要表达的情感产生一定的影响。所以，即使是描写同一景物，但由于诗人经历和诗歌背景不同，所要表达的情感也有所不同。

我们以项目化学习的方式，给予学生有用的学习，使他们发现古诗不再遥不可及，而是有迹可循的。文字与色彩之间，景物与情感之间，时代与诗人之间……，从读一首诗到一类诗，学生对古诗产生了更大的兴趣。

同时，古诗项目化学习还带给教师很多的惊喜。

学生能够以小组为单位互相合作，选择不同的主题进行研究。

学生学会规划学习，有计划地开展研究，对学习负责。

学生能够发挥自己的创造性，将自己对古诗的理解以诗歌创作的形式表达出来。有学生仿照刘禹锡《望洞庭》写了一首《望太湖》，有学生受苏轼《赠刘景文》的启发，仿着写了一首《赠秋景文》，写下了自己第一次到江边看到冬天芦苇的心情。

高安路一小在古诗项目上的实践历程，呈现了在学校层级上通过对学科核心素养的分析，基于课程标准，依托国家教材，将学科课程转化成学科项目的路径。

在这样的学科项目中，不仅仅是学习零碎的知识点，而且更关注知识与知识之间的整合，尤其是核心知识在情境中的建构与创造。不仅关注学生学科关键能力的发展，同样也关注学生学习素养的形成，比如沟通与协作能力、创造性问题解决能力的发展。从语文学科项目探索出发，高安路一小将探索延展到各个学科领域，探索以概念为导向的学校课程的设计和实施，让学生的关键能力良性发展，体现上下联通：上至国家课程意志的实现，学校培养目标的彰显；下至学生在真实情境的问题解决中获得学习的真实体验，收获丰富多元而又有纵向深度的课程学习经历。

探索 2：初中从活动项目到学科项目的推进 ①

北京师范大学朝阳附属学校的项目实践并不是直接进入到学科项目，而是从综合实践活动、校本课程、研学等课程板块开始的。学校将与学科有关的八大节庆活动放在这一板块中，先从开展带有主题性质的活动项目开始，让师生了解和体验项目开展的一般流程和逻辑。在这类活动中，从教与学的角度而言，其价值在于，教师和学生的角色发生了改变，项目来自学生感兴趣的问题，以学生为项目的主要设计者、实施者、组织者。比如在科技节中，八年级的学生会制作"化学分子模型"，形成分子模型的实物、分子模型制作报告、解说音频，与全校学生分享；在"江南文化探寻"中，学生开发西湖3D 模型，锻炼信息技术能力。

从这样的带有学科性质的活动项目入手，师生都对项目化学习的设计和实施特征有了一定的了解，然后再进入到学科课堂中。学校提出的要求是各学科根据学科内容来进行大概念的单元教学研究，可以以主题方式进行，也可以用项目的方式开展，每种至少一个。在实施方面由学科负责人牵头，其他教师跟进，骨干教师必做。

以英语为例，"《走遍中国》英文版旅游图册制作"这一项目面向七至八年级学生，指向三个单元的学习内容：

Module 2　My hometown and my country

生活环境　能够从人口、地形、著名景点与人物等方面描述特定地方

Module 4　Planes，ships and trains

交通方式　能够使用形容词的比较级和最高级描述与对比不同的交通方式

Module 10　The weather

天气与气候　能够从天气等角度，向友人推荐去某地旅游的最佳时间

这个项目是以真实任务为引导，将三个单元的新授知识整合在其中学习的。其中内容涉及 33 座主要城市，教师引导学生把这 33 座城市分成内陆、沿海、华东华北三大板块，学生通过抽签的方式组合成 3 个大组，成立 3 家

---

① 本部分基于对北京师范大学朝阳附属学校的校长和教师的访谈。访谈者：夏雪梅；接受访谈者：蒋立红、魏留芳、王君。

出版公司，每组确定负责人，通过抽签结合相互协商的方式，明确小组成员所负责的城市。

学生需要通过大量的文献搜集、阅读，了解中国不同地区的风土人情，然后经过整理、分类、提取信息，确定旅游图册的制作思路、撰写内容，在这个过程中还需要了解旅游图册的制作规则、外国游客的实际需求和阅读习惯等，而后再应用信息技术制作成册，形成图文并茂的英文版旅游图册，最后进行成果展销。

项目进程中交织了新知识的学习，通过"My hometown and my country"这个模块，学生学习如何介绍一座城市。通过听力文本、阅读文本等材料形式，学生能够提取旅游图册写作任务中需要用到的描述人口、地形、著名景点与人物等方面的信息和语句；通过学习"Planes, ships and trains"，学生运用形容词的比较级和最高级来推荐不同的交通方式；通过"The weather"的学习，学生从天气角度推荐最佳的旅游时间。这三个单元的知识也通过多个维度进行了检测：第一个模块，布置了一个小的模拟写作任务，向外国游客介绍北京，检测学生是否能够运用描述人口、地形、著名景点与人物等方面信息的语句；第二个模块用了测验；最后一个模块引导学生用思维导图对三个单元的知识点和句型进行总结。

该项目共计15个课时，所用时间即原来这个单元的教学时间。但是这个课时量不足以完成整个项目，需要利用其他时间完成的项目内容主要有：利用学生午间的零碎时间进行写作文本的指导修改；利用每晚英语作业的时间，小组进行项目的研讨。

三、跨学科项目的实施样态

学习无处不在。跨学科项目本质上是呼应真实世界中的复杂问题，指向真实学习的泛在性、学科不可分割性。

（一）跨学科项目是什么？

跨学科项目是学生合作探索真实世界中的复杂问题的项目。跨学科项目不是为跨而跨，而是要在解决问题中产生自然的、不可分割的理解。跨学科项目涉及两个以上学科的核心知识，实现对大概念的持久深度的理解，产生富有创造性的成果。跨学科项目同时基于两个以上的学科课程标准，涉及两个以上学科的知识综合与迁移运用。

重点目标： 跨学科项目的目标具有综合性，在设计中同时需要关注如下维度：所跨学科的大概念；所跨学科的核心知识与能力；学习素养，如创造性、批判性思维、合作沟通交流等。学生需要整合不同学科的知识和方法，解决真实而复杂的问题。跨学科项目撰写的目标往往是最长的，并且在考核中需要覆盖到两门以上学科的核心知识与能力。跨学科项目的目标中往往还需要体现对人类、世界所面临的真实问题的关怀和责任。

主要内容： 跨学科项目内容丰富，问题往往反映出对真实而复杂的重大社会议题、科学议题，如可持续发展、环境保护、传染病防治等的关注。例如，学生通过对苏州河的调查，考察河水中的污染问题，并提出现实的问题：如何治理苏州河？这是一个非常综合的问题，需要不同的项目小组选取不同的视角，综合运用科学、生物、地理等跨学科的知识和技能，以系统的方法加以研究和解决。跨学科项目的驱动性问题也可以来自虚拟情境，比如太空探索、考古发现等。

学校课程范畴： 跨学科项目主要在与所跨学科相关的学科课程中开展，也可以借助研究性学习、研学旅行等课程载体开展。

（二）学校的实施路径

学校在实施跨学科项目时，可以选择如下方式切入。

◎如果是初次进行项目化学习实践的学校，可以围绕一个真实问题，从汇聚多学科的观点和任务开始，带动各个学科的整合思考，进而上升到跨学科的深入探索。此外，让教师有机会了解其他学科在教什么也有助于跨学科项目的产生。如果翻阅不同学科的教材，就会发现在道德与法治、科学、艺术、语文、数学等教材中有很多类似的主题，这些有相似度和重合性的主题是一个比较便利的切入点。

◎选择更容易"跨"的学科。不同的学科"跨"的性质不太一样。有些学科很容易整合其他学科，便于教师进行跨学科设计，有些学科则更适合被整合，作为跨学科中的一部分。比如 STEM，很显然是用科学、工程作为驱动学科，而数学在其中往往作为解决问题的工具和思维方式，因为往往很难创造出一个以数学为主的问题情境来跨科技。根据以上特征，我们将科学、社会、道德与法治、文学主题等作为"驱动学科"，而数学、信息技术、英语等更偏工具类的学科则作为其中的"组成学科"。

◎在那些已经在中考中进行跨学科探索的地区，比如上海，其在中考中纳入了生物和地理的跨学科案例分析，那么，上海的初中学校在切入跨学科项目时可以考虑与这些学科相关的项目。

◎有探究型课程、STEM 和 STEAM 基础的学校，可以将已有的课程转化或迭代为跨学科项目。

图 3-4 是我们描述的学校层级实施跨学科项目的路径。

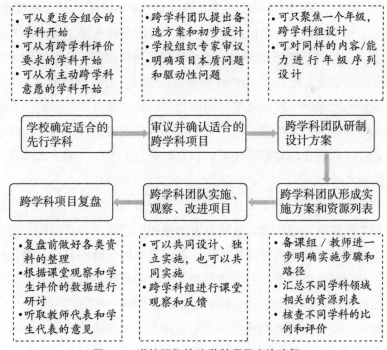

图 3-4 学校层级的跨学科项目实施路径

不管是采用怎样的路径切入，跨学科项目在开展时都需要依据课程标准，对所跨学科的核心知识与能力进行分析并设置评价，提升学生在跨学科项目中的学习质量。

（三）学校实施跨学科项目面临的挑战

学校在实施跨学科项目时面临的首要挑战就是跨学科项目从哪里来。不同于学科项目可以依托教材，可以发现学生学科学习中的难点，可以寻找学科实践，跨学科项目没有可依托的教材，也往往不是学校传统教学中的关注点，所以教师刚开始可能会比较迷茫。

跨学科项目可以从如下来源进行孵化：学生提出的真实问题；重大社会事件或新闻热点；不同学科教材中重叠度较高的内容；不同学科之间的创造性关联；人类世界中永恒的问题或现象；文学创作中的母题与普遍的故事；新技术的涌现带来的需求、问题；等等。

从实施的课程时空上说，跨学科项目的时间一般会比较长，学校要给予课时保障。学校实施跨学科项目主要有两个时空：一个是在综合实践活动中，这在课时、知识逻辑上面临的挑战小一些。有的学校在期中或期末考试后设立 PBL 周，集中开展跨学科项目；有的学校在每周固定一个时间段（可以是半天，也可以是两节课），作为跨学科项目的课时。另一个是用到主学科的课时，这既要考虑课时、教学进度等的限制，也要考虑对学生考试的影响。比如生物、地理跨学科的项目，会用到生物、地理的课时。因为跨学科项目的周期比较长，问题比较复杂，现有的国家课时是不够的，那么就需要用到相关领域的校本课程的课时，或者调配综合实践活动的时间。

学校面临的挑战还在于，在常规的学科教研组外，如何组建跨学科教研团队？如果是常态化的实施，就涉及跨学科团队固定的教研时间，交流、团队建设、共同的听评课的教研机制等。教师开展跨学科项目前，要对核心学科有深入的理解，项目要能有机联结相关学科的教师，这与各教研组、备课组日常的跨学科交流机制建设、学校的整体合作教研氛围也有关。

评价一直是跨学科项目中的难点，只用传统的纸笔测试是不够的，这也是学校面临的重要挑战。对此，首先要明确跨学科项目涵盖大概念、核心学科知识与能力、知识点等不同类型和层级的知识，在评价中也应该包含表现性评价、档案袋评价、口头评价、纸笔测试等多种评价方式，结合量规、检查表等评价工具，运用自评、互评和他评等多元评价主体的评价来设计跨学科项目的评价。

跨学科项目对学科教师来说意味着要跨出自己熟悉的领域，淡化学科的边界，思考学科在真实世界中对学生成长的意义。学校可以鼓励教师从自身学科出发，但不囿于学科边界，开展跨界对话；更可以鼓励教师首先思考真实的问题，在解决真实问题中自然地寻求和其他学科教师、外部专业人员的合作。

（四）学校的探索案例

跨学科项目基于两门以上学科的核心知识，指向复杂问题的解决，这对习惯于分科或活动的中小学来说，是一个新的尝试。

探索1：从多学科到跨学科的初中教师能力建设

实施跨学科项目的挑战之一就是如何让习惯了分科教学的教师具有跨学科的思维和能力。上海市卢湾中学（简称"卢湾中学"）是一所有着近70年历史的公办初中，学校通过各种方式促进学科之间的相互整合。他们的策略是先从明确教育观开始。学校提出了一系列简单明了的理念，这些理念简单、易懂、易记：教育不是一个人的事；整个世界都是教室；学科不只是单数；让思维占据课堂；低结构激活高创意……

要让学生跨学科，教师自己要有跨学科的经历和体验。卢湾中学成立了让学科教师可以自由交流碰撞的"无边界"工作坊，并将这个工作坊确定为研究跨学科教学、研发跨学科项目的创新团队。学校为"无边界"工作坊的跨界教研设计了跨界学习素养、跨界思维训练和跨界实践能力三大板块研修内容，开展了跨界读书会、一月一讲坛、"大科学探索"、"走进场馆"等跨界分享活动。通过这样的交流碰撞，教师们发现文理学科之间存在一些共通点和转化点，有的学科之间还会有一些知识重叠。比如基于数学，就产生了一系列创新的组合：

▶ 数学＋文学：考察文学作品中的演绎推理；统筹方法——讽谏与反证法。

▶ 数学＋美术：平面镶嵌；黄金分割；轴对称图形；住房布局的设计。

   ▶ 数学＋地理：平面图绘制。

   ▶ 数学＋音乐：多姿的线条，感受曲风的变化，并用坐标轴将旋律线可视化。①

　　教师们开始采用的主要策略是多学科的视角，即用本学科的方法视角去观察某一种现象，解决某一个问题。比如关于蝉这个主题，不同学科的教师就会产生不同的理解：

   ▶ 语文老师从蝉这个物象出发，运用联想，通过外形、生活习性、环境等多个角度寻找蝉和人之间的相似性，理解托物言志、比喻等手法，从而形成一种理解诗歌主旨的方式。

   ▶ 美术老师主要考虑艺术审美，历代书画大师朱奇、赵少昂笔下的蝉的形态，画蝉和以蝉表达的不同情绪。

   ▶ 生物老师从生命科学的角度阐述了蝉的一生和生活习性，感悟生命的价值与意义。

   ▶ 数学老师解释了蝉选择 13、17 年作为自己生命周期的原因，用"数"的特质与科学家的推测进一步诠释了生物进化论验证的生命的意义，认为蝉这样选择是为了逃避捕食者。

　　基于这样的准备，教师们一方面建立了主题和学科核心知识之间的关联，不降低对本学科的核心价值的思考，另一方面也具有了跨界思维和心态，再进行跨学科项目化学习的设计就会更有基础。比如上面数学和音乐结合的课程，本来是作为校本课程，以教师讲为主，而融入项目化学习的要素后形成驱动性问题"如何实现音乐的可视化？"，鼓励学生用各种数学工具探索将音乐可视化的方法。

　　如下我们呈现学校在 2020 年 1 月的学习基础素养市级项目校年终交流研讨会"跨学科项目化学习"专场上分享的"设计大山"案例。②

---

① 本部分内容来自学习基础素养市级项目校上海市卢湾中学张怡校长、吴丹老师提交的项目发言材料，收入本书时有删减和调整。

② 本案例的设计者和实施者为上海市卢湾中学地理教师吴丹、生物教师陈昌杰。上海市卢湾中学的张怡校长，学习基础素养项目组的夏雪梅、王晓华、崔春华、杨金芳、刘潇老师，上海市教委教研室的许萍老师，上海市卢湾高级中学的杨传彪老师，共同参与了项目研讨。收入本书时有删减和调整。

这一项目指向上海市中考改革中的"跨学科案例分析"，卢湾中学的两位老师选取了两门学科中的山体垂直地带性分布和植被随海拔变化分布的概念，设计形成了"设计大山"的项目。项目从一个模拟情境开始：

同学们，地球被科学家们称为"生物圈一号"，然而地球的生存环境日益恶化，为了帮助人类了解地球如何运作，并研究在仿真地球生态环境的条件下人类是否适合生存的问题，美国在亚利桑那州建立了"生物圈二号"实验基地，历时 8 年，耗资 1.5 亿美元……。然而，这个庞大又令人激动的设计却最终以失败告终。难道人类就真的没有第二个家园了吗？如何让理想中的大山模型成为人类的第二个家园？

师生需要寻找并设计一座"理想中的大山"，作为人类新生存基地的前站。在入项阶段，教师采用了思维导图的形式，引导学生建构问题解决的路径。在探究的过程中，教师还针对不同类型的核心知识搭建学习支架。海陆位置对山体的影响、海拔与气温的关系等内容，是六、七年级学生已经学过的核心知识，教师只需要适当点拨，而洋流对气候的影响等涉及高中地理知识的核心内容，则需要为学生搭建学习支架。

这次公开的中期汇报是一次小小的庆典，当天学校礼堂外的墙壁被装饰成大山的形状，礼堂的大门就像是山洞，所有人穿山而过，来到了这节课的中心腹地，一起见证八年级学生的想象和自由的心智：有的组通过 Maya 电子模型展示大山模型，他们将大山建在马达加斯加的中部，因为这里受到东南信风的影响，气候环境和地理数据分明。他们根据岛屿的气候类型，推断出大山的气候类型，并结合不同海拔高度的气候，设计了不同的植物。有的小组将大山选址在巴西，他们选择利用废报纸和不同的颜色进行大山的实物搭建。有的组将大山的地址选在了东南亚岛国印度尼西亚的苏拉威西岛，并详细介绍了这座岛屿的地理环境，同时也介绍了设计目的。

为了让学生体会项目化学习意味着"像专家一样思考"，在公开阶段要"与专家对话"，学习基础素养项目组邀请了来自高校的地理学教授和生物学教授，与学生进行对话，对学生的小组中期成果做了点评。来自专业领域的专家对项目成果的肯定激发了学生的专业热忱，地理学专家提出的新视角，如进行区域比较，为什么这个地区是这样，另一个地区是那样，深化了学生对区域的认知和理解。生物学专家则揭示了学生汇报中的一个盲区，学生们更多地关注了植物、土壤、气候，但还没有真正关注这个地方的生态系统，比如生物入侵等生态系统的匹配性问题。对这个问题的思考使学生进一步深化了对生命科学的核心概念——结构与功能、平衡与稳态、物质与能量的理解。

探索 2：小学—初中跨学科项目的常态化实施

上海市民办协和双语尚音学校（简称"协和尚音"）是九年一贯制学校，一直以来探索跨学科项目的常态化实施，是学习基础素养市级项目校。九年一贯制机制，使得学校可以根据项目需求和学生学情对各年段学习内容顺序进行调整。跨学科项目化学习突破了传统学科之间的界限，以科学学科的大概念为主线，设定跨学科问题，每个年级在每个学年开展三到五个项目。每一个项目都按照项目引入、知识奠基、阐释主题、探究活动、探究实录和项目总结六个环节进行。

学校将实践项目化学习的一至七年级分为三个阶段：一年级是阶段一，二、三、四年级为阶段二，五、六、七年级是阶段三，不同阶段所学内容的难度和深度呈螺旋式上升。学校跨学科项目以科学学科为主，将美术、语文、英语、历史、地理、道德与法治等学科进行整合。同时，基于个性化表达的需要，将信息技术学科作为支持学科，梳理学科要求和课程标准，为进一步课程融合和扩充课时做准备。

阶段一"我与他人"：一年级的学生生活范围逐步从家庭扩展到学校、社会，经验不断丰富，社会性逐步发展。为了更好地帮助其适应这种变化，学校将这个阶段的大主题设定为"我与他人"。

阶段二"我与世界"：旨在引导学生从生活经验出发，体验探究过程，学习科学方法，发展科学精神，具有初步的创新精神、实践能力、科学和人文素养以及环保意识。学校以学生能接触到的自然事物和现象为主，逐渐增加有关自然事物和现象的变化与规律的相关内容。

阶段三"我与社会"：这个阶段以物质、能量、信息三基源为主线，引导学生体验、感受社会问题，增强社会责任感，养成健康的审美情趣和生活方式。

表 3-2　学校项目化学习的主题和内容

阶段	年级	项目主题	相关教材内容
阶段一： 我与他人	一	Who am I?	一年级"认识你、我、他"单元内容
		How are you?	二年级"健康生活"单元内容
		Say Ah…（Senses）	一年级"认识物体"单元内容
阶段二： 我与世界	二	Pull me, push you	二年级"小车的运动"单元内容；三年级"物体的动与静""运动的变化""常见的力：弹力，重力，摩擦力等"单元内容
		Shangyin canteen	二年级"健康生活"单元内容
		Endangened animals	二年级"动植物的生活环境"单元内容；三年级"生物与环境"单元内容
	三	Disasters	四年级"地震与火山"单元内容；五年级"地球表面的形态与变化"单元内容
		Fashion show	二年级"天然材料"单元内容；四年级"人造材料"单元内容
	四	Footprint from the past	四年级"食物链"单元内容；五年级"生物的进化"单元内容
		My restaurant	五年级"营养与消化"单元内容
	四、七	Space	四年级"望远镜里的天空"单元内容；五年级"太阳系与宇宙探索"单元内容
阶段三： 我与社会	五	Plants	三年级"植物的根、茎、叶""植物的花、果实、种子"单元内容；五年级"生物世界"单元内容
		Cost	五年级道德与法治相关内容
		Human body & COVID-19	五年级"感知外部世界""身体的律动"单元内容
	六	Water	六年级"水与人类"单元内容
		Energy	六年级"能与能源"单元内容
	七	Mosquitoes	六年级"地图""生物分类"单元内容；七年级"溶液"单元内容；八年级"动物""生态"单元内容
		Oil	七年级"材料""海洋"单元内容

在实施课时方面，小学段，每周两课时，学校要求教务进行课表的调节，确保两节连排。初中，六年级、七年级每周一课时，另一课时用于巩固七年级的学科学业考试。

为了确保项目化学习的常态化开展，学校还在以下几个方面做出了相应努力。[①]

1. 组建团队

跨学科项目化学习在教师队伍的多元性上要求较高。学校从多个学科征集有意愿加入的教师，从暑期开始由项目化学习负责人一对一聊天，了解教师的想法，如愿意承担的年级及项目等，再将想法接近的、志同道合的教师进行初步组合，开展小组讨论会，以增强彼此的了解。负责人与此同时考量搭档组合的合理性，如教师执行力、任教学科、创造性思维等。跨学科团队的架构，如聘用哪些教师，谁又和谁共同负责一个项目等都不是恒定的，会随着教学的需求、教师的意愿及学年考核机动地变化。基于此，每个学期末既是新团队组建的开始，也是选拔替补教师、进行人员储备的开始。

2. 变革思维模式

关注教师每天工作时真正关心的、追求的、重视的事情，并将每个人的意愿朝学校目标方向靠拢。这一点非常重要，因为它会极大地影响教师的思维模式，影响他们的工作方式和态度。学校经历了三个过程：确定理想教师的思维模式—审核现有团队成员的思维模式—制定思维模式变革策略。学校项目组成立初期的每周例会都会有半个小时用于讨论"理想教师的思维模式"这一话题，成员之间清楚并直接沟通团队的核心价值观以及这些价值观会有什么重要影响。行政人员也会参与互动，从而确保这样的价值观会给跨学科项目团队以及整个学校带来双赢。

3. 改善边界

项目化学习如何开展，对每一个组员来说都是新鲜事物，大家都在摸索中前行。每个教师的领悟力、专业水平有高低，为了确保我们都在同一个正确的方向前进，我们以团队为单位，以各类学习为契机，以各级展示及比赛

---

① 本部分内容部分来自夏雪梅向上海市民办协和双语尚音学校的 PBL 项目负责人易菀兰老师的约稿。

为平台，同时也借助专家的力量，开发各种工具。在整齐的规范操作基础之上，我们鼓励教师自我学习及管理。每周我们都会有主题发言及教师轮流组织开展的专题分享。教师按照学期开始抽签决定的顺序在工作群里发起讨论，组内教师分享意见。

4. 周会制度

团队每周会在同一时间召开例会。

常规会议内容一般包括：近期PBL的活动、每周各年级授课进度及计划，以及成员发现的问题和提出的建议，个人主题演讲等。针对项目计划及课时计划，会议中我们采用轮流发言和互相评价规则，以此来确保每个年级的项目都能够准确定位、顺利进行，并借此流程提高每个成员的参与感和集体荣誉感。

从PBL工作室的实物资源到资料共享平台的电子材料，整个小组内的资源是完全共享的。在共同的课程计划表、评价表等基础上，我们各个年级在统一标准的要求下，发挥各自项目的特色。

探索3：新办校将活动项目升级为长时段的跨学科项目

学校将活动项目升级为跨学科项目，需要突破以往熟悉的活动样态。跨学科项目时间长、内容多、目标多样化，更需要学校带着课程的视角来统筹设计。

新办学校因为没有历史负担，在学校初创阶段就进行统筹的顶层设计是实施项目化学习更快捷的一种方式。位于上海嘉定的同济大学附属实验小学就经历了将基于主题的综合实践活动升级为跨学科项目的过程。如下是校长的阐述：①

创校第一年，学校课程团队因地制宜开发了"一米菜园"课程，这是一门以认识、种植、探究植物为主要内容的拓展课程，每周一次的课堂深受学生们喜爱。于是课程团队尝试延伸课程原有内容，结合一年一度的校园科技节，设计了风、光、水、土、人五大主题的综合实践探究活动。

---

① 本部分内容来自同济大学附属实验小学的王建芳校长，原文发表于"预见学习"公众号，2020年5月7日。收入本书时有删减与调整。

对活动课程团队做了以下反思：

（1）整个"风的活动"很丰富，但仍然是多学科的活动，并没有实现跨学科。

（2）最可惜的是：学生提出的那些关于风的精彩问题，后来采用招标答案的方式解决，没有关注到学生解决问题的过程。

（3）几乎所有的活动任务都是老师设计布置的，"拍微电影""布置展台"等活动看上去像项目，但学生更多的是在老师和家长的指导下去做，去体验，并没有成为活动真正的主角，或者说更多的是扮演了"协助大人"的角色。

就是这样的有效反思，激发了老师们发现更好的"学习设计"的方向：从"基于主题的综合活动"走向"基于问题的项目学习"。

上学期，围绕"一米菜园"，学校四年级学生提出了"包干到班""自己种自己卖"的要求，引发了同学们的热情。那么，什么是四年级学生真正关心的种植问题呢？学生们的答案是："我们种出来的东西卖不掉怎么办？"这确实是目前市场"供给矛盾"的一大现实问题。学生又提出：那能不能根据买家的需求进行VIP定向种植？于是，就诞生了学校第一个项目化学习的驱动性问题——"如何种出让顾客满意的蔬菜？"。

我们希望通过这个项目，引导学生根据用户需求经历完整的种植、设计、推销产品、成果展现过程，在过程中培养相关能力，也促进教师团队在实践中理解项目化学习的内涵，围绕项目要素设计项目方案并全面实施。

作为校长，我充分肯定了老师们完全抓住了学生的真实心理，自然而然地把握住了基于真实生活的驱动性问题，成功迈出了项目设计的第一步。从大家为项目起的名字"智造小农家"中，我感受到师生对即将开启的一段学习旅程充满了兴奋与期待。

1.从"多学科"走向"跨学科"

在"如何种出让顾客满意的蔬菜？"这一任务驱动下，老师带领学生们充分讨论，制订了项目实施计划：采用"先卖再种"的认购模式，见下图。

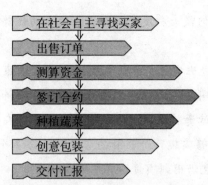

我用学生的口吻向老师们问道："各位老师，我们才四年级啊，要找买家、做订单、做预算、签合同……你们觉得我们能行吗？"

令我欣慰的是，这一次年轻的团队显然有备而来，很自信地回答："能行啊！因为四年级学生已经学习了这些知识和本领呢！"说着将整个实践过程背后涉及的核心知识与相关教材内容做了一一介绍。

2. 从"校园"走向"真实世界"

"我们在做一个真的项目！"

"这是我第一次和别人谈生意、签合同！"

学生们带着问题链（见下图）走进"智造小农家"的项目化学习中，走进社区，走进真实世界——

如何最大程度发挥自我与他人的优势，组建指向问题解决的最佳队伍？

如何根据客户需求来订制我们的蔬菜产品，并以合适的价格与买家签订购买合同？

如何根据产品出售要求以及时间进度撰写明确可行的活动规划？

如何对计划进行完善，并采集需要的物资和资金？

如何用科学正确的方法测算土地、美化边界、播种蔬菜种子？

如何创造性地为植物提供帮助其个性化生长的条件，并通过观察、记录和分析不断改进措施？

如何根据中期的蔬菜种植情况，制订下阶段的种植规划，并解决过程中发生的问题？

如何最优化完成产品交付，并根据项目记录材料撰写项目报告及进行公开展示汇报？

第一阶段：如何最大程度发挥自我与他人的优势，组建指向问题解决的最佳队伍？

9月末，导师进班宣传，开设入项课。学生依照分组进行种植蔬菜的分析与选择，学习不同蔬菜的种植方法与技巧，并分析在种植中的有利和不利条件。学生结合阅读资料以及教师讲授来综合分析在一米菜园的哪一块位置种植哪种蔬菜是能够实现预计产量的。这种结合多个内外因素来综合分析、判断、决策的能力也沿用到项目的后半程。

第二阶段：如何根据客户需求来订制我们的蔬菜产品，并以合适的价格与买家签订购买合同？

10月，学生以小队形式完成了国庆"出售订单"任务——寻找买家、倾听想法、沟通协商、市场询价、金额计算等。同时，学校也给学生相应的"推销"培训辅导，给学生提供一份具有实际指导意义的"任务单"，搭建有效支架，帮助他们发展需求分析能力、倾听与逻辑分析能力、沟通能力、信息收集与处理能力等基础素养。

学生的"智慧出售"手段有许多：制作广告牌吸引顾客，去火锅店、麻辣烫店询问需求，在汽车博览公园里寻找好沟通的买家，预先去超市进行相似商品的市场询价，在社区对价格做市场调研……全过程包含调查、准备与策划、行动、反思与展示庆祝的完整学习。

第三阶段：如何根据产品出售要求以及时间进度撰写明确可行的活动规划？

小组制订种植计划与资金预算表，首次学习如何对一个较长周期的任务做合理的时间规划，运用数学人民币的知识以及管理类知识进行资金的合理安排。10月12日，学校为买卖双方举行了盛大的订单签约仪式。在这样一场活动中，未曾想到出现了为鼓励卖家种植的无期限合约；买卖双方为了更好实现共赢的补充条款；更有专为社区老人订制的不收费公益订单。孩子们都非常愿意接受公益订单，并承诺用各种创意的方法来努力满足产量需求，践行诚信、责任、担当与奉献的优秀品质。

第四阶段：如何对计划进行完善，并采集需要的物资和资金？

小组制订的计划完成后并没有结束，而是拿到班级里用班会课的时间进行讲述、讨论。合作学习是这样开展的：每个小组在组内进行分工安排的协调与计划的修正。随后，每个小组的"教练员"交换小组，去另一个小组担任"专家"听取汇报员的汇报，并给出修改的建议或进行提问，小组根据实际情况进行方案的调整。最后，每个小组陈述1—2条分组计划的疑难点，由全班学生给予方向的指导。然后，由导师点评，回家后小组做出细致完善的计划"第二稿"。

第五阶段：如何用科学正确的方法测算土地、美化边界、播种蔬菜种子？

11月，在正式种植启动前，学校举行了科创艺术家庭联盟工作坊活动。在导师的讲解指导下，父母和孩子共同完成了"测量土地、明确边界、制作创意小队牌、平整土地、浇水播种"等一系列任务，学生学习运用有关策略、计算、植物生长条件等数学与自然学科的知识来确定种植土地的面积和位置，并进行美化。

学生也思考了"如果单位面积产量不高，无法完成任务，该怎么办？"，他们想到可以通过利用室内大棚种植手段或者利用课程中学到的"好朋友种植法"来增加成果产量。

第六阶段：如何创造性地为植物提供帮助其个性化生长的条件，并通过观察、记录和分析不断改进措施？

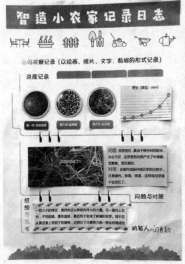

学生用图画、文字、数据、图表的方式进行每一日、每一周种植过程的记录。组内分工——观察、记录、反馈、总结与提出问题、计算交货日……

刚开始，学生只是知道可以观察单变量如气温和植物生长的关系。慢慢地，他们将更多的因素纳入考量范围，如阳光、潮湿度、CO_2 浓度、周边杂草数量等，通过更深入的控制变量法，使得影响因素都对植物生长产生积极影响。在过程中学习不断反思，修正变量因素，创造有利种植条件：如用塑料薄膜为土地保温，用半剖面的塑料瓶开辟立体种植空间增加产量，利用冷冻原理来制作固态植物香皂……

第七阶段：如何根据中期的蔬菜种植情况，制订下阶段的种植规划，并解决过程中发生的问题？

11 月末的项目中期汇报，学生第一次知道：原来统计分析可以帮助判断植物的生长情况与变量之间的种种关系。种菜组的学生记录了温度、苗的高度，学会通过斜率判断植物生长速度的快慢，了解温度和生长速度之间的关系。芽菜组计算了单位重量干豆可以培育的芽菜重量，并完成了完整生长周期的记录。种植情况不佳的小组十分着急，进行了指向逻辑与问题解决的 3W 分析——"What：到底遇到了什么困难？Why：为什么会导致这种情况的发生？How：如何解决？"，并向全体组长汇报了原因与小组后期的解决方案。

第八阶段：如何最优化完成产品交付，并根据项目记录材料撰写项目报告及进行公开展示汇报？

最后的出项活动，学校开展了年级代表小组的项目成果发布会，集中呈现学生们的创意种植蔬菜，以创意成果回应了驱动性问题：如何种出让顾客满意的蔬菜？对学生而言，更重要的是过程中的经历与心得，什么是智造？如何智造？小组和自己如何在探究世界的"脚本"中养成良好的心智习惯？如何提出有价值的问题？如何进行团队协作？如何反思？如何决策？如何进行个性化表达？等等。

他们就这些问题进行了展示汇报，现场邀请到专家、买家、学生、教师各方代表来参加。学生在自评、互评中进一步体会自己真正学到的知识本领，获取经历过后沉淀下的学习品质与素养内涵。

项目化学习实施的中国建构：教师层级

对教师而言，项目化学习实施的中国建构意味着在学习情境中，灵活选择合适的项目类型，设计对自我和学生而言都有意义的真实问题，与学生共同经历具有挑战性的项目历程，搭建解决学习困难的学习支架，创建自主、合作的探究环境，提升学生创造性问题解决的能力。

　　项目化学习的课和平常的课有什么不同呢？

　　在学校层级，三类项目的实施程度、复杂性有较大差异；在教师层级，虽然三类项目的实施难度不同，实施样态也很不一样，有上课形式的，还有微视频、讲座、报告、工作坊、合作解决问题、展示、游戏、研讨、场馆参观、田野调查等多种形式，但就流程而言，都需要经历从入项到探索到出项的基本阶段。本章的阐述将以项目化学习总的流程为线索，提出每一阶段的实施要点。

一、研制项目实施方案

　　在实施项目之前，我们需要根据设计稿研制项目实施方案。实施方案可以帮助我们预测将有可能出现的问题和可能的实施路径，避免项目化学习的空心化，让项目化学习的过程更清晰、更充实。实施方案主要包括：整体项目过程策划，尤其是对重要实施节点的规划；项目实施进程管理；实施准备。

（一）项目实施节点规划

　　项目实施需要整体思考项目的节点。节点意味着项目的进展，也意味着反馈和评估。项目化学习实施规划的一个重要原则是"以终为始，评价前置"：设计者从最终可能出现的各种项目成果和出项开始，倒推项目的进程。

　　设计者规划一定数量的项目评价点，项目评价点有校正逻辑、连贯项目、评估检测的功能，让设计者和学生都清楚项目的关键走向，并不时停下来反思已经走过的历程，展望未来的路，检查项目目标的达成。

　　项目实施节点的规划联结项目目标和项目成果，通过学生在这一阶段的表现推测学生的学习。节点规划也是一种过程性、形成性评价。

　　项目实施节点规划有以下两种可供选择的方式。

　　1.项目故事板

　　项目故事板（见图4-1）简单易懂，适合项目的初期阶段，适合活动类的项目。项目故事板是项目内在思路的一种显性表现，让学生清楚项目任务和评价点，明确在规定时间内要完成的项目任务，进行师生共同的项目管理。

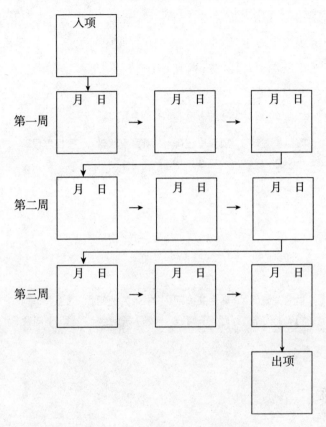

图 4-1　工具 1：项目故事板

2. 项目里程碑

项目里程碑（见表 4-1）与项目故事板类似，但有更多支架帮助我们容纳学生的声音，考虑学生在项目中可能提出来的问题，思考项目的内在逻辑。项目里程碑同样具有很强的开放性，设计者可以选择用学生提出的关键问题或自己分解的子问题设想项目的轮廓，架构整个项目的实施历程。

表 4-1　工具 2：项目里程碑

项目名称：　　　　　　　　　　　　　学科： 项目时长：　　　　　　　　　　　　　教师：					
驱动性问题：					
项目里程碑 1	项目里程碑 2	项目里程碑 3	项目里程碑 4	项目里程碑 5	项目里程碑 6
入项	……	……	……	……	出项
学生关键问题/子问题	学生关键问题/子问题	学生关键问题/子问题	学生关键问题/子问题	学生关键问题/子问题	学生关键问题/子问题
评价点 1	评价点 2	评价点 3	评价点 4	评价点 5	总结性评价

　　如下是无锡市协和双语国际学校在 2020 年新冠肺炎疫情期间所做的体育项目化学习——室内运动会①的样例，表 4-2 为项目初期第一版本的项目里程碑，描述了整个项目的基本情况。

---

①　本项目是由上海学习素养课程研究所和无锡市协和双语国际学校共同开发的项目。

表4-2　项目里程碑案例——室内运动会

项目名称：室内运动会 项目时长：6天			学科：体育、语文、数学、美术等 教师：一至五年级负责PBL的教师		
驱动性问题：疫情期间，在无法混班的情况下，我们在室内如何举行运动会？					
项目里程碑1	项目里程碑2	项目里程碑3	项目里程碑4	项目里程碑5	项目里程碑6
入项	在具体活动日之前一周，学生已经生成了一系列任务，同时安排在一周的每一天，可以涉及相关任务的分配工作	学生需要考虑和研究一系列可能的运动项目，同时对这些项目的可行性进行分析和测试	为每个项目编写说明、操作指南、评分系统	所有材料的准备工作	运动会当天，数据分享及计算获胜者，线上颁奖典礼（出项）
子问题	子问题	子问题	子问题	子问题	子问题
我们如何举行一场室内运动会？			如何让其他班级知晓我们的运动项目以及评分系统？	我们需要准备哪些材料？	反思：本周我学到了什么，发现了什么？
评价点1	评价点2	评价点3	评价点4	评价点5	总结性评价
学生形成方案草案	涉及一周项目具体安排的时间表	运动项目的具体细节以及材料清单	指导说明手册和评分系统	材料清单	反思报告

（二）项目实施进程管理

　　如果希望对项目的实施进程进行更深入的规划，可以采用项目进程分解表，在相应的时间点上，规划每一个阶段的评价点，并匹配相应的学习支架。本书提供了以下两种分解方式。

第一种是按照项目化学习中的探索历程来分解，如表 4-3 所示。

表 4-3　工具 3：项目实施进程管理——探索链分解

项目名称：		学科：	
项目时长：		教师：	
驱动性问题：			

时间	项目实施进程	评价点	学习支架
	前期准备		
	入项探索		
	知识与能力建构		
	合作探究		
	形成初步成果		
	修订成果		
	出项		
	反思与迁移		

第二种是问题链分解的方式。如果驱动性问题比较复杂，可以将其拆解为若干个子问题，在每一个子问题上，从问题到知识与能力建构到探索，形成成果的子循环，将学习支架嵌入每一个子问题中，如表 4-4 所示。

表 4-4　工具 4：项目实施进程管理——问题链分解

项目名称：		学科：	
项目时长：		教师：	
驱动性问题：			

时间	项目实施进程	评价点	学习支架
	前期准备		
	入项		
	子问题 1	子问题 1 成果	
	子问题 2	子问题 2 成果	
	子问题 3	子问题 3 成果	

续表

时间	项目实施进程	评价点	学习支架
	总成果		
	出项		
	反思与迁移		

如下呈现康健外国语实验小学所做的活动项目"如果我有权力设立职业节"①项目实施进程规划，如果用上述模板，就会呈现如下形式（见表4-5）。

表4-5　"如果我有权力设立职业节"项目实施进程规划

项目名称：如果我有权力设立职业节　　　　学科：道德与法治、美术、语文等
项目时长：4周　　　　　　　　　　　　　教师：陆蓓蕾
驱动性问题：2015年颁布的《中华人民共和国职业分类大典》显示，目前中国的职业近两千种，但是只有四个职业有专门的节日。如果你是政策制定者，还会给哪个职业设定节日，为什么？

时间	项目实施进程	评价点	学习支架
前期准备	/	/	
入项	子问题的分解	问题分解框图	
子问题1 目前有哪些职业节？为什么会为这些职业专门设立一个节日？	对创设职业节所需具备的关键要素的提炼	•四个职业节的宣传片 •对教师、记者、护士和医师节认识的KWL表 •职业节关键要素的思维导图	
子问题2 全社会还有哪些职业？你会给哪个职业设定节日，为什么？	•调查方法的运用 •资料查找与交流能力 •职业节提案提纲	•八大职业分类及相应概念内容 •辩论观点表单 •提案撰写专题指导 •职业讲座报告	
子问题3 怎样的宣传册能更好地唤起人们对这个职业节的认同？	•美术知识与技能的运用：对物品设计有目的且有步骤的探究，对工具和材料性能使用情况的探究 •立体物设计的创新意识	•美术学习：宣传册的特点和立体设计的方式 •教师专题指导：如何利用立体设计技巧	

---

① 本项目由学习基础素养项目组与学习基础素养市级项目校康健外国语实验小学共同开发。

续表

时间	项目实施进程	评价点	学习支架
	总成果	• 职业节申报提案 • 职业节立体宣传册	• 宣传册——内容制订表单 • 职业节立体宣传册设计稿表单
	出项 职业节提案宣讲会	• 演讲能力 • 辩论能力	选票（从展示内容、形式等方面进行考查的评价单）
	反思与迁移	• 自我调控、反思有计划性 • 有效管理时间	反思表

上述项目实施进程规划也可以用来引导学生创建他们自己的项目日历和项目展板，并在教室内将其可视化呈现出来。如果是多个教师协作进行的项目，还可以在实施计划中考虑教师的协作分工，体现各部分资料和相应事项的负责人。

（三）实施前的核查清单

项目实施进程规划完成后，在项目正式实施前，教师可以运用如下核查清单（见表4-6），检查自己在这一项目主题及实施上的准备程度。

表4-6　工具5：教师实施准备核查清单

> 1. 我做好了项目的设计书并听过了同伴和代表学生的意见。
> 2. 我对每一个阶段的项目的检核点都清楚。
> 3. 对于学生最后将要产生的成果及如何评判其质量我是清楚的。
> 4. 我对学生如何分组心中有数。
> 5. 我准备了过程中的学习支架以支持不同类型和水平的学生。
> 6. 我有简略的课时计划。
> 7. 我准备了项目中必要的相关资源，包括表单、PPT等。
> 8. 我确认了活动中所需要的场地，包括相关外部支持人员等。
> 9. 我留出了教室、走廊空间进行项目化学习的研究和展示。

项目实施前同样需要对学生的准备情况有一个预估，以便于考虑项目进程中的学习支架和学习差异的处理。如下是我们从学生的认知、情感、行为三个角度呈现的核查清单（见表4-7）。

表4-7　工具6：学生实施准备核查清单

学生的认知准备：

学生对项目化学习的认识、理解，对这个项目主题以及实施过程中自己要承担的责任和角色的理解。

- 学生了解项目化学习是一种探究式学习，需要自己主动发现问题、解决问题。
- 学生对即将要开始的项目主题有日常的生活经验或有自己的想法。
- 学生知道项目过程中要提出问题，要努力寻找资源，要与他人合作，而不是被动地等老师讲解。

学生的情感准备：

学生对项目化学习、项目主题以及实施过程的认同度、接受度、投入程度。

- 学生对这个问题充满好奇。
- 学生对解决这个问题跃跃欲试。

学生的行为准备：

学生对项目化学习、项目主题以及实施过程中自己在行为上的准备程度。

一般性的项目实施能力的准备

- 学生会和他人协作。
- 学生知道如何搜索有用的资料。
- 学生会与别人沟通和交流想法。
- 学生会进行项目的时间和任务规划。

特定项目主题的准备

- 学生在这个项目上有一些基本的体验和认知。
- 学生在这个项目上将会遇到一些难题。

　　项目实施是一个逐步给学生赋能的过程，要让学生在实施中承担起学习的责任，发现自己的擅长之处，学会学习与思考。在初期的项目中，教师可以进行策略的示范，让学生学会分析问题与解决问题。在经过几次项目化学习实施后，学生一般可以比较熟练地自己规划项目的问题解决路径，组建团队和进行分工，做好项目管理。

二、入项探索

　　入项是让学生进入到问题解决的情境中。学生将驱动性问题和自身产生联系，涌现出主动探索的内动力，思考项目的大方向，形成大的格局观。那么，怎样才能让学生沉浸到情境中呢？我们先来看一节入项课。

现场：怎样营造让学生"Wow！"的真实情境？ ①

项目描述：初中道德与法治、科学的跨学科双语项目，学生要对成本（cost）这个大概念产生深度理解，学生需回答"我们所购买的东西的真正成本是什么"。教师引导学生通过绘制商品的成本线，理解商品的多种成本概念，促进学生对环境保护、资源浪费的反省。

上这节课时，马上就到"双11"了，教师首先抛出话题：

"'双11'现在已经变成了全民购物节，你们知道吗？2018年'双11'天猫创下了2135亿元的成交额纪录。"同时，教师出示"双11"活动的相关图片，让学生们据此展开讨论。当学生热烈地讨论时，突然传来一阵敲门声，学生们非常疑惑，打开门后，发现有两位快递员，手里拿着大大小小的快递盒。"Wow！"学生们大声叫起来，他们都很兴奋。

快递员进门后，开始念学生的名字。念到名字的学生连忙举手，快递员走到他身边，给他一张签收单，在学生签字后，快递员把属于他的快递盒递给了他。学生们激动地打开快递盒，盒子里是商品卡片，卡片上标有商品的名称、图片、价钱、生产地以及生产地与上海的距离。快递员离开了教室，这时同学们已经认出了快递员其实是学校的教师，他们鼓起掌来。

当每个学生都拿到自己的商品卡片后，教师要求学生和同伴两两协作，彼此商量，选择一张卡片作为两个人共同拥有的商品。商量的环节学生们要绞尽脑汁想办法让同伴接受自己更加心仪的商品。待同伴二人确定好自己组的商品之后，教师让同学们动起来，进入到其他小组去寻找和自己组商品具有同等"cost"的商品，并进行简单的信息记录：你的商品是什么？你寻找到和你们相同"cost"的商品是什么？

之后，教师询问几组同学选择这个商品的理由，并追问：你认为"cost"是什么？当学生的回答都和钱有关时，教师给出了引导，出示了两个带有"cost"的例句：

---

① 本部分案例来自上海市民办协和双语尚音学校，设计者和实施者：易菀兰、Chantelle、杨冰瑶、李依农。观察描述者：刘潇。审定修改者：夏雪梅。

"It will cost you if you don't do your homework."

"Driving more than the speed limit cost the woman her license."

学生们直观地看到了 "cost" 除了和钱有关，还可以和其他领域相关。

然后教师让学生两两协作，根据自己组的商品卡片，按照商品生产——运输——被消费的顺序，思考并记录在每一环节可能产生的 "cost"，绘制成第一代的 "cost-line"。

当学生绘制完之后，进行全班分享。在分享的过程中，教师和学生都会对这组的 "cost-line" 提问，被提问的小组学生进行解释和回答。在这样的互动讨论中，学生深化了对 "cost-line" 的理解。学生再次对 "cost-line" 进行修订。我们发现，这一次学生形成的 "cost-line" 中增加了对时间、生命、环保等其他因素的考虑。

教师这时揭示了这个项目的驱动性问题：

我们的生活因为可以通过网购买到我们需要的东西而变得便利，但是一个产品的真正 "cost" 是什么呢？我们如何解释这些产品的 "cost" 呢？

出示问题后，教师引导学生对问题进行剖析，这个驱动性问题揭示了：什么是学习任务？这个驱动性问题可以拆分成哪些子问题？解决这个问题可能需要哪些知识和技能？……

（一）什么是好的入项？

入项是通过一定的情境让学生投入到项目化学习中。入项不同于一般的课前导入。课前导入只是用一个小钩子来 "钓" 一下学生，比如这样：

同学们，我们大家都曾经到祖国各地的名山大川去旅游过，大家想不想去看一看桂林山水啊？（学生齐答：想。）好，那么，今天，我们就带领大家跟着课本到桂林去游览一番。

这种类型的导入比较 "假"，意义不大。而入项要让学生有更真实、深刻的体验，持续的时间更长。前述的入项课是两节连上的，用时 60 分钟，旨在让每个人成为商品的主人，使学生与项目产生联系感。快递员、商品卡片、"cost-line" 的制作等真实情境让学生情不自禁地产生了 "Wow！" 的感叹，进而有极大的驱动力进入到对商品成本的分析中。上述入项本身就带有微项目的性质，学生经过探索—教师思维示范—形成新成果，产生对成本的新理解。

好的入项有如下三个特征。

1.入项要让学生产生解决这个驱动性问题的强烈意愿

入项是学生进入项目产生学习内动力的开始。入项要让学生真正喜欢这个项目，产生问题意识，对驱动性问题有内在的探索欲和求知欲，主动地投入到项目中。因此，入项事件要有创新性，有体验感和真实感，能给学生冲击，让学生可见、可感，产生兴趣或认知冲突。

2.入项要让学生有探索空间，充分暴露他们对项目及其解决过程的理解

诚如本书第二部分所言，在教师讲解之前，学生要有探索空间，产生"有效失败"，在学生陷入困顿或"僵局"的时候教师再提供支架，这样可以产生更深度和持久的学习。以上海市徐汇区建襄小学庄国栋老师的"秋游野餐食品采购方案"项目为例，庄老师在入项阶段提出的驱动性问题是：

这次秋游不再要求每个学生自带野餐食品，而是需要各小组统一购买野餐食品。请各小组在一周时间内提交一份秋游野餐食品采购方案，方案需要满足以下要求：1.购买的食品属于健康食品；2.购买的食品是小组成员喜爱的食品；3.费用控制在每人50元以内；4.购买的食品能保证每位小组成员都吃饱吃好。如何设计一份明确详细的购买方案，既满足以上需求，又有说服力的数据证明你的方案的可行性，让小组成员从内心认同你的方案？

这个问题的解决是有内在逻辑的：首先，要知道什么是健康食品；其次，调查同小组同学的喜好，呈现调查结果，区分健康和不健康食品；再者，了解食品费用，查询单价，根据小组人数计算总价；最后，劝说他人接受自己的观点。

类似这样的秋游野餐问题，学生本来就很喜欢，又是与他们切身相关的，所以在动力问题上不需要额外设计，最需要考查的是学生的逻辑思维、问题解决能力，是否能够有条理地运用各种资源、信息来解决问题。入项中学生表现出多样的认知差异，有的学生在阅读完驱动性问题后仍然毫无头绪，他们只是列出：

"询问他们，完成清单。"

"我犹豫不决，不明白怎么写。"

有部分学生对于问题解决的思路没有完整概念，他们通常只能提出其中的一两个小点，或者和当下教师所教的知识直接相关的部分，而缺少一种系统的、整合的思考能力：

"可以先问问大家有没有喜欢的，如果没有，买一个大一点的食品，这样大家又喜欢，又能吃饱。"

"可以试着画表格，然后写出要买的食品，接着写出每样食品的钱，算出总价。"

也有学生直接设计出了自己的购买清单和价格，但是并不对。看上去，学生已经给出了成果，但事实上学生没有经历整个问题解决过程，没有经历对他人喜好的调查，而在最终的购买清单上也仍然包含着一些不健康食品。

当学生暴露出不同类型的问题后，教师可以在入项阶段组织学生交流这些不同的点，引导学生对驱动性问题进行分解，确定项目的方向，明确时间安排和最终成果的质量。这种类型的入项对学生问题解决思维的提升是很有价值的，同时也会有助于教师在后面的知识与能力建构和探索部分为不同类型的学生搭建相应的支架。

3. 入项要让学生产生与个人相关的联系感

入项中要让学生感受到这个驱动性问题和"我"相关，产生强烈的相关性和驱动性。因此，入项中要尽可能设计与学生有关的，让他们自己动手体验或在家中可以感受到的活动。比如，在引入水资源的环保项目时，入项中可安排学生自己回家进行记录和比较，如自己洗澡时浴缸中累积的水量，如果少洗1分钟将会节省多少量的水。尤其对于比较抽象和离学生较远的概念，更加需要在项目和个人之间建立相关的联系感。再比如，在演示新型冠状病毒传播中，通过一个沾上面粉的娃娃在班级模拟病毒传播来演示传染模型，这样直观的方式可以让学生感受到飞沫、接触传播等重要的传染病传播途径。

（二）入项事件的类型

入项有很多种方式，不一定是一节课，也不一定是在课堂上。入项可以结合学校的各项活动，如让学生在博物馆参观、春游、远足中入项。根据入项事件的不同任务类型，我们将其分为三大类：真实体验类、模拟体验类、阅读体验类（见表4-8）。在实际项目中，可以灵活组合。

表4-8　工具7：入项事件类型表

> **真实体验类：**
> • 实地参观。参观博物馆、工厂、工坊、农场、美术馆等场馆与实践基地。
> • 实践体验。自己进行类似的模拟实践或模型搭建。
> **模拟体验类：**
> • 嘉宾演讲。邀请在某个领域卓有成效的社区人员、专家、志愿者与学生交流，给学生们讲自己在这一领域的经历。
> • 来自特定人群的项目需求。来自真实世界某类群体或个人的真实需求书、信函、委托书。
> • 桌游。与主题相关的各类模拟游戏。
> • 角色扮演。扮演项目过程中的关键人物，做类似的事件增强体验感和关联性。
> **阅读体验类：**
> • 文本资料。阅读与项目主题相关的文章、绘本、小说等，拓展学生在这一方面的认知。
> • 视听资料。呈现引发学生认知冲突，让他们感到惊奇或惊讶的各类视频、电影、数据。
> • 新闻事件。新闻事件可以增强问题解决的真实性。

下面我们通过垃圾分类这一主题的项目，描述在指向不同目标和学生阶段的项目中，各种可以进行的入项事件。

▶ 实地参观。参观垃圾处理场，了解垃圾分类和处理的过程，相互交流自己所不知道的内容。

▶ 实践体验。给每个学生准备一个袋子，让学生将周末产生的所有垃圾都扔在这个袋子里，然后在下周一的时候看看每个人产生的垃圾有多少。再对袋子里的垃圾进行分类并计算，全班在这个周末共产生了多少垃圾？那么，全校呢？10年以后呢？

- 呈现令人吃惊的图片/数据。呈现全球垃圾数据趋势图，呈现各种常见垃圾的图片，猜测每一种类型的垃圾降解所需要的时间，再呈现实际的降解时间，让学生意识到垃圾问题的严重性，产生认知冲突。

- 引入新闻事件。引入北京垃圾围城的新闻报道，引入海洋塑料垃圾引发海洋动物死亡的新闻报道等。

- 角色扮演。扮演垃圾处理和分类的环卫工人，考察小区和学校附近的垃圾分布情况，体验分类和回收的过程。

- 嘉宾演讲。邀请在垃圾处理、变废为宝行业中卓有成效的社区人员、专家、志愿者和学生进行交流。

- 阅读绘本/小说。与垃圾、环保有关的绘本和小说都可以作为引入项目的事件，比如英国绘本《垃圾放哪里》，讲述了日常垃圾回收和垃圾材料的组成，如果引入这本书可以让学生思考垃圾本身的成本、能源和污染等问题。也可以引入美国的《垃圾到哪里去了》，这本书跟踪了垃圾的去处，呈现了人类随意扔掉的垃圾经过一系列的循环又回到自己餐桌上的历程。

- 观看电影/视频。电影和视频对学生有更强的视觉冲击力。在垃圾分类这个主题上，英国广播公司（BBC）曾制作了一部历史纪录片《肮脏的城市》，历史学家丹斯诺通过 CGI 技术，引领观众回到 14 世纪的伦敦、18 世纪的巴黎以及 19 世纪的纽约这三个城市。通过历史重演，让大家看到它们是如何由肮脏的垃圾场成为整洁的大都市的。如果用这一纪录片中的部分内容作为入项，可以引导学生探讨垃圾和城市发展的关系这一主题，也可以引发学生对自己的生活与垃圾、环境污染之间的关系的思考。

- 一封来自特定人群的信。如来自某个小区的一封求助信，请求学生帮助他们处理过多的垃圾，或者请求派志愿者来指导垃圾分类。

- 垃圾分类游戏。玩垃圾分类的卡牌、对应、拼图等游戏。

从上文可见，即使是同一个主题，也可以有各种不同的入项事件，而入项事件的不同又将引发学生对特定的概念、知识的关注，引发学生的认知冲突或给学生带来情感上的不同冲击。

（三）入项中的思维工具

入项中，我们也可以借助各种工具促进学生对驱动性问题的思考。入项阶段的思维工具应该有两个主要的功能：第一，发散学生的思维，激活学生的已有知识，建立创造性的联系；第二，梳理驱动性问题的解决路径，暴露学生在这个问题上的困难、盲点。

1.KWH/KWL 表

KWH/KWL 表是用以了解学生的背景知识，激发学生兴趣和进行知识整理的学习工具，在日常的课堂学习中也经常用到。（Ogle，1986）

KWH/KWL 的全称是 Know-What-How 或 Know-What-Learning，K：关于这个话题已知的内容；W：关于这个话题想要知道的内容；H（L）：关于这个话题打算如何解决（进一步学习）。

我们对 KWH/KWL 表进行了调整（见表 4-9），让它可以在入项阶段澄清和梳理学生对整个项目主题的已知和未知，同时在入项阶段鼓励学生提出自己的问题。

表 4-9　工具 8：KWH/KWL 表

关于这一问题 我的已知	关于这一问题 我想知道	关于这一问题 我打算如何解决（进一步学习）

在入项中，我们可以这样使用这一工具：

● 告知学生什么是 KWH/KWL 表；

● 给学生 3 分钟时间列出与整个项目或驱动性问题有关的已经学过或知道的内容；

● 再给学生 3 分钟时间列出他们想要知道的内容；

● 最后，给学生 5 分钟时间列出他们在课上要学的内容。

2.头脑风暴

头脑风暴是一种常见的发散性思维工具，但在我们的日常课堂用得并不好，教师往往只是喊几个学生发言，说出自己的想法。头脑风暴强调在一定的时间内，学生尽可能不停地列出他们的想法。点子的数量是重要的，而不是质量，对学生产生的点子教师不需要进行任何评判，点子没有对错之分，鼓励学生尽可能有自己的想法，有创造性。头脑风暴的时间一般为 5—10 分钟。当学生进行头脑风暴的时候，教师可以用电脑、海报纸等工具快速记录学生产生的点子。

观点激荡是头脑风暴的进阶版，这种方法强调师生、生生之间在观点和创意上相互激荡，创造性不仅来自个体，也来自群体。我们可以运用多种方式来促进学生群体产生创意观点。观点激荡以他人的观点为基础，在认可他人观点的基础上，加入自己的创意，是很有趣的头脑风暴、引发创造性的工具（见表 4-10）。

表 4-10　工具 9：观点激荡"是的，而且……"①

> 1.将班级分成以 4—6 人为一组的小组。
>
> 2.检查标准：
>
> • 每个人都参与；
>
> • 注重数量；
>
> • 保留判断——事实上，我们接受所有的想法；
>
> • 以彼此的想法为基础；
>
> • 把你的想法边写出来边大声地说出来；
>
> • 玩得开心！
>
> 3.给每个团队一张大纸或白板上的一块空间。
>
> 4.给每个小组足够的笔，让组内所有人都能同时书写。
>
> 5.围绕一个项目核心：做一个人物展、设立一个电影节。
>
> 6.每个人用"是的，而且……"承认别人的观点并加入自己的创新元素。
>
> 例如，"我们可能会建造一个操场"，然后每个人在后面加入一个新的元素，如"是的，而且我们会画出操场的蓝图！""是的，而且我们还有一位本地工程师可以帮我们看看图纸！""是的，而且我们将参观和拍摄学校附近的操场！""是的，而且我们会学习有关操场上各种设备的几何和物理知识！"……
>
> 7.计时，在 5 分钟内写完一整页。
>
> 8.留存证据，交流反馈。

---

① 材料参考自：https://www.hightechhigh.org/htmma/.

3. 问题解决流程图

入项阶段还可以引导学生有逻辑地思考问题解决的工具，问题解决流程图（见图4-2）就是其中一种可视化的工具。流程图表示事情的发展顺序，可以用来帮助学生分解一个开放性的问题，明确先思考什么，后思考什么，也可以将一个大问题分解成几个小问题，并进一步思考这些问题之间的逻辑关系。也可以将上文的项目故事板用在这里。

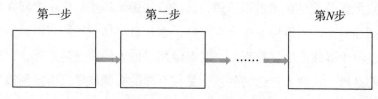

图 4-2　工具 10：问题解决流程图

入项阶段引导学生完成问题解决流程图，可以让学生在后续做项目的时候更有条理，同时在每一次项目实施过程中可以不断回到这些流程图，对问题的解决路径再做分析和优化。

（四）营造有安全感、创造性、挑战性的项目化学习课堂

项目化学习的课堂同时有安全感和挑战性，因为安全，学生更敢于挑战自我。

项目化学习的课堂氛围首先应该是安全的。安全感是人内心基本的需求。如马斯洛所说，安全感是一种自由、安全和有信心的感觉，一种温暖的感觉。（杨毅华，2017）安全感是所有课堂变革的基础，也是底色。项目化学习旨在促进学生心智自由，而挑战如果没有足够的安全感做支持，学生就会畏畏缩缩，不敢尝试。项目化学习要尽可能形成容许学生犯错，鼓励学生质疑、大胆思考和动手的氛围，在遇到问题时，学生会向他人寻求帮助而不会受到嘲笑。

项目化学习的课堂氛围应该是有创造性的。项目化学习本质上是一种创造性问题解决的过程，创造性思维的培养和锻炼应时时渗透在项目过程中。在入项阶段就要鼓励学生提出与众不同的观点，提出尽可能多的观点，评价和完善他人的想法，引导学生包容独特的、激进的观点，从不同的角度思考、链接知识，跳出固有的思维框架来思考问题，让学生意识到创造性的重要作用。在学习规则的建立中应该引导学生形成这种心态和思维习惯。

项目化学习的课堂氛围应该是有挑战性的。建立一个让学生感到足够安全，可以放心挑战教师的教室，就是给他们巨大的礼物。挑战性表现为勇敢地表达自己独特的想法，对他人提出的问题、建议、批评抱有严谨的态度，精益求精。这就表现为，当学生做出某个成果或表达观点后，他们总会自问或相互评论：还可以做得更好一些吗？你的观点有证据吗？你为什么会这样想？

上述三种氛围交织在一起，彼此支撑。我们可以在入项阶段就引导学生制定整个项目的规则。表 4-11 中的建议供参考，学校和教师可以根据需求调整。

表 4-11　工具 11：项目化学习的课堂规则

安全感： • 提出问题是每个人的学习自由，是会学习的表现； • 允许自己和他人犯错，不嘲笑他人； • 真诚地倾听和赞美他人的想法。 **创造性：** • 不过早停止思考； • 勇敢地提出尽可能多的想法； • 提出自己独特的想法，不人云亦云； • 将自己的想法建立在他人想法的基础上。 **挑战性：** • 不停止追问"可以怎样做得更好"； • 为自己的工作负责任； • 提出任何观点都要有证据。

教师可以和学生共同制定合适的课堂规则，鼓励学生对课堂规则提出自己的看法，引导学生自我监控。课堂规则可以用可视化的方式张贴在教室里，随着项目的推进和学生实践的增多，课堂规则将逐渐成为学生的思维和行为习惯，这其实也是学习素养潜移默化的培育。

三、知识与能力建构

　　项目化学习不是学生已有知识与能力的展现，而是知识与能力的再建构。高质量的问题解决过程和成果离不开学生对核心知识与能力的习得，项目的推进过程就是学生知识与能力建构的过程。那么，知识与能力建构课应该怎么上？是不是就是知识的新授课？新授课如何指向学生项目中的学习难点？

现场：新授课如何指向学生知识与能力的建构？ [①]

　　项目描述：这是针对二年级学生的数学项目，涉及调查与统计分析。学生需要在校园里根据对同学们喜好的调查打造一个"流动书吧"。这节课是"书吧"项目中的一节新授课，主要讨论买什么书、放哪个地点。

　　"同学们好，我是图书馆的老师，'流动书吧'需要购买一批课外书，通过前期的调查和讨论，大家选出了四个最受欢迎的类别：童话故事类、漫画绘本类、科普知识类和动画益智类。但是，我在买书的时候遇到了一些问题：我具体应该怎么买呢？每类书买多少本？是每类书都买一样多还是不一样多？你们可以帮帮我吗？"

　　这节支架课从一段求助视频开始。求助视频一方面承接上节课的内容，告诉学生选出来的四类最受欢迎图书，另一方面创设了真实的情境，让学生对这个项目产生兴趣。对于二年级的学生来说，帮老师解决问题还是很有趣和有挑战性的。

　　之后教师在白板上出示了三种调查学生喜欢的图书的方法，分别是"调查15个男同学""调查整个二年级283人"和"每班抽4名同学，6个班级共调查24人"。教师要求学生选择其中一种调查方法并说明理由。同学们看到三种方法，开始进行讨论。

　　确定了调查方法（第三种方法）后，教师发给每名学生一张记录单，让学生用自己喜欢的方法来记录视频中学生最喜欢的图书类别，随后教师播放了这24名同学选择最喜欢的图书类别的视频。在学生记录时，教师走

[①] 本案例来自上海市实验学校附属小学，上课教师为魏晨香老师。观察描述者：刘潇。审定修改者：夏雪梅。

下讲台，观察每名学生的记录方法。等学生们都记录好了之后，教师抽取了答案具有典型性的几名学生，让他们分享自己使用的方法，并让全班进行思考，这么多方法，你认为最简单的方法是什么呢？当学生对最简单的方法产生分歧（有些学生认为画"正"字的方法更简单，有些学生认为计数的方法更简单）时，教师并不着急，又播放了 2 次视频，让学生用不同的方法再次进行记录。通过自己的实际体验，大家都认为画"正"字的方法不仅更简单，而且更准确。由此可见，对于二年级的学生来说，语言的说服力远远比不上让他们实际体验。在体验前，有不同意见的学生都说出了自己的理由，而仅靠语言表达并不能形成统一的意见，但是在体验后，大家通过对比就能够很直观地比较出来哪种方法更简单，并且很快达成了统一意见。对于这一部分，教师给学生提供学科实践的支架，这一支架的设计也是为了让学生能够通过体验和对比，优化记录方法。

在学生找到最优的记录方法后，教师总结：这个过程叫作数据收集。随后，教师请学生们用数字整理一下记录单中的数据，并填写在统计表里，这就是数据整理的过程。这时，教师又追问了一个问题：我们在进行这两个过程的时候应该注意什么呢？有学生回答：应该最后算一算是不是 24 人；在表格中不需要加单位……。这个反思性的元认知支架激发了学生对主动验算的思考。

随后，教师又提问，请大家观察一下我们的统计表，现在你觉得老师应该如何购买图书呢？等到学生回答完之后，教师总结：通过对数据的分析可以帮助图书馆老师决定如何购买图书，这个过程叫作数据分析。

在学生帮助图书馆老师解决了如何购买图书的问题后，教师表扬了学生，同时又提出了一个新的问题：我们前期确定了三个可以放书架的地点，但是具体我们应该摆放在哪里呢？面对这样的问题，学生马上运用了前面的知识，说："我们可以抽取一些同学进行调查，运用统计的方法，通过分析数据来解决。"通过前面的学习和探究，学生马上就可以进行知识和能力的迁移，运用刚刚学会的统计的方法来解决问题。

当学生们兴致勃勃地拿出记录单准备记录时，教师播放了采访视频。

很巧妙的是，这个视频中有三个镜头，每个镜头都有一名学生展示自己喜欢的地点。要想将视频中的信息记录完整和准确，学生必须分别记录三个镜头中学生展示的地点，学生个体实际上是无法完成的，所以学生第一遍根本无法记录。在学生产生合作的自然需求后，就形成了合作的记录方式，小组中的每个人记录一个镜头。最终学生记录了同学们的需求并确定了大家最喜欢的书架地点。这个设计对低年段的学生而言，是一个很好的关于合作学习的实践支架。

（一）什么是好的知识与能力建构？

项目化学习是学生建构新知识，发展创造性、批判性思维，提升沟通协作等能力的过程。知识与能力建构不仅是"上课"，更是指教师创设学习任务、提供资源和支架支持学生的发展。高质量的项目化学习离不开学生的知识与能力建构。如果项目只是展示学生现有的知识与能力，而没有引导学生"跳一跳"，那么项目对学生的成长意义是有限的。

好的知识与能力建构需要满足如下几个特征。

1. 知识与能力建构要与项目相关，精准地指向项目目标

知识与能力建构有一个常见的误区：将知识与能力建构理解成按照教材新授知识，前面加上驱动性问题，后面加上项目成果，中间还是原来的讲授式教学，讲授的内容与项目没有什么关系；新授知识和项目实施是两条线，教师负责新授知识，项目留着让学生用课余时间去做。

有效的知识与能力建构首先意味着相关，新授的内容与项目之间是有关联的，且要让学生感受到这种关联性，有关联他们才有学习新知识的动力，知道知识学习后要往何处去。其次，就是准确，通过观察、交流、评估等了解学生在项目目标达成过程中的难点。难点可能是关于知识储备的，可能是关于学科关键能力的，也可能是涉及沟通技能、信息搜索能力、问题解决能力等方面的，支架的搭建、资源的提供都要准确地指向这些难点，有助于难点的突破。

上述"现场"中描述的新授课就提供了在抽样调查、数据整理、合作能

力等多个知识与能力上的支架，具有相关性和准确性。

2.知识与能力建构的"时机"要恰当，要让学生经历"有效失败"

知识与能力的建构时机很重要，项目化学习要激发学生学习的主动性，不是教师按部就班地从开始讲到最后，而是要找到适当的时机。传统教学中教师往往习惯"先讲后练"，将这种思维方式带到项目化学习中，就会有一个误区，认为引入了驱动性问题后，就需要讲授知识，讲好了再让学生应用知识产生成果。这样做往往就缺少了学生的探索历程，缺少了失败、试错等"有效失败"的过程。（Kapur，2012）

上述的新授课总体而言稍微快了一点。如果能让学生自己先尝试解决求助视频中的问题，教师再慢一点给予支持会更适合。在项目化学习中，知识与能力建构总体而言是要"退后一步"，要让学生经历对相关问题的探索和失败之后再进行知识与能力建构，也就是"低结构后的高结构"，而且这种建构不是一次性完成的。在活动项目中，这种知识与能力建构比较简单，且是一次性的，而在学科项目和跨学科项目中，随着项目复杂性的增加，从入项到合作探究到形成成果都会有知识与能力的建构过程，学习的进程是螺旋上升的，学生需要多次回到大概念和项目成果，产生迭代。

3.知识与能力建构要迭代学生的项目成果

知识与能力的建构过程是学生的项目成果不断优化和迭代的过程。这并不意味着每节课都需要回到项目成果。但即使是比较简单的海报类的成果，若能引导学生进行有效的知识与能力建构，也能让学生对什么是海报、海报的视觉特征、海报的内容质量会有不一样的理解，从而产生不同品质的海报。总之，知识与能力建构要体现在学生的阶段或最终的项目成果中，支架的搭建要能支持学生在某个知识或能力维度上的跳跃。

（二）建构哪些知识与能力？

那么，在项目化学习过程中，有哪些必要的知识与能力需要建构呢？总体而言，我们可以将其分成五种。

1.背景知识

背景知识是有助于理解项目主题的知识。比如"火星"项目中人类探测火星的历史知识，"地震来了怎么办"项目中关于地震危害的知识。背景知识往往是事实类的信息，以及为了促进学生更深入地探索、解决问题而衍生的相关知识。这些知识不是解决问题中必不可少的内容，也不是课程标准中规定必须要学习的内容，但是会拓展学生的视角，有助于学生对真实世界的理解与创造性问题解决。

2. 指向项目目标的核心知识与能力

这类知识与能力是项目的核心，是推动项目开展的主体知识与能力，也是项目目标中的重点，是推进项目问题解决、形成高质量的项目成果过程中不可回避的主要的知识、思维方法。这类知识与能力往往来自课程标准的要求，也是课程标准、教材中的重要的知识与技能。

3. 指向项目成果完成的知识与能力

特定的项目成果需要特定的知识与能力，这些知识与能力指向真实世界中专业人员所需要的能力。比如，如果最后的成果是科普文，就需要学生对经典的科普文进行阅读、琢磨，并将学习收获转化到自己的项目成果中，教师可以提供关于科普文的评价量规支持学生更清晰地理解。同理，如果最后的成果是艺术展，那最好要让学生实地参观一些经典的艺术展，理解展览中的空间布局、用色等，有实际的体验。

4. 大概念

大概念是项目化学习中最上位的核心知识，比如上文中的"利用数据进行合理规划""数学建模"等大概念，很难通过一次项目化学习就让学生达到对大概念的透彻理解，有些大概念将会贯穿学生整个年段的学习。就某一次特定的项目而言，学生对大概念的深入理解需要各种支架的支持，包括情境中的理解与抽象的反思、深入的阅读、观点碰撞的讨论、层层深入的问题链等。在学科和跨学科项目中，学生有机会不断回到大概念，列出对这些大概念的理解，用概念图的方式展现自己对概念理解的变化过程。

5. 学习实践

项目化学习中的通用性的学习素养也是需要有意识地建构的，尤其是创造性思维、团队沟通、交流协作、社会性情绪等，反映在项目化学习的实践中，表现为创造性、探究性、调控性、社会性、审美性、技术性六类实践①，每一类我们都可以进行相应的建构。这些建构可以通过微视频、微讲座、微项目的形式穿插在整个项目中，但是，和准备期不一样的是，这个阶段的建构要和项目内容息息相关。在此我们提供了一个快速审核表（见表 4-12），整合了学习素养的关键实践。

表 4-12   工具 12：学生学习实践快速审核表

项目	评分： 1 很不擅长 —————— 5 很擅长
是否善于提出问题 是否具有信息收集和整理的能力 是否能够自主设计问题解决的方案 是否能够良好地执行预定计划 是否能够清晰地表达自己的想法 是否善于倾听别人的意见 是否能尽可能多地提出自己独特的想法 是否能够基于证据表达想法 是否能够承担自己的职责 是否能够和他人友好协作 是否能够做好时间管理 是否具有美化绘图的基础能力	

　　学生的这些学习实践体现了他们的学习素养。在幼儿园和小学阶段，应该尽可能让学生有实践的机会。教师可以基于上表判断班级中学生的表现。如果学生在这些方面的得分都很低，意味着他们的团队协作经验较为欠缺，表达能力、创造性或批判性思维的培养有待加强，不适合进行大规模的、长周期的项目化学习，而应该在短期灵活的项目中先进行特定学习实践的锻炼。

（三）知识与能力建构中的学习支架

　　"支架"（scaffold），又称"脚手架"。美国心理学家伍德等将该术语从建

---

① 在《项目化学习设计：学习素养视角下的国际与本土实践》一书中，我们提出了五种实践，在新的迭代中，我们增加了创造性实践。

筑行业引入教育领域，称为学习支架。（Winnips，2001）[39] 维果茨基的"最近发展区"理论为学习支架提供了学理基础，他将学习支架描述为具有更多经验的人帮助学习者跨越最近发展区，从现有知识水平到达潜在水平。学习支架并不是一直存在的，在学生获得相应的知识和能力后需要撤除。（Pressley，1995）

值得注意的是，并不是所有提供的材料、学习单都是学习支架，它特指学生在完成"挑战性的学习任务"时，在经过努力仍然不能自己解决问题时教师所提供的支持。"教师的指导、讲述是有时机的"（Schwartz et al.，1998）。学习支架应该是针对学习过程中学生在"恰好需要的时机"所提供的"必不可少的支持"。

学习支架有很多种分类形式，根据表现形式可以分为范例、问题、建议、图表、向导等。（曹亚玲，2020）也有研究者从功能角度将其分成情境型支架、策略型支架、资源型支架、交流型支架和评价型支架等。（张瑾，2017）我们整合学习支架的功能与形式，聚焦学习支架支持学生挑战最近发展区的定位，将其分成如下几类（见图4-3）。

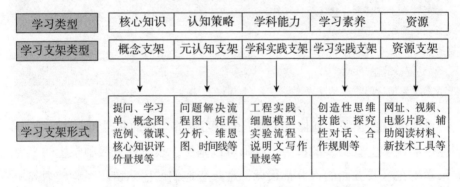

学习类型	核心知识	认知策略	学科能力	学习素养	资源
学习支架类型	概念支架	元认知支架	学科实践支架	学习实践支架	资源支架
学习支架形式	提问、学习单、概念图、范例、微课、核心知识评价量规等	问题解决流程图、矩阵分析、维恩图、时间线等	工程实践、细胞模型、实验流程、说明文写作量规等	创造性思维技能、探究性对话、合作规则等	网址、视频、电影片段、辅助阅读材料、新技术工具等

图4-3　项目化学习中的学习支架的类型和形式

在活动项目中，通常提供资源支架、学习实践支架和元认知支架就可以了。在学科和跨学科项目中，概念支架、元认知支架、学科实践支架和学习实践支架不可或缺。下面我们分类进行阐述。

1. 概念支架

"快乐农场"① 这个项目来自上海市徐汇区第一中心小学，是让学生规划、

---

① 案例来自上海市徐汇区第一中心小学，设计者和实施者是黄蕾老师。该段分析来自夏雪梅当时在会场上的点评。

设计一个自己喜欢的快乐农场，其中一部分是学生要选择喜欢的蔬菜苗和心仪的地块进行合理规划，涉及一个重要的概念"合理规划"。小学生往往只能从一个角度提出某些想法，如何支持学生形成在该情境中的数学眼光和决策，就需要教师在综合学生已知的基础上予以"合理规划"的支架，引导他们思考：种什么（适合的植物、不同植物的定价、不同季节），种在哪里（环境、植物生长的条件——科学的融入），怎么种，形成种植方案，怎么收，种了以后怎么办（定价、顾客等）。在这一部分，需要帮助学生形成如下概念支架（见表4-13）。

表4-13　工具13：概念支架示例

合理规划的方案
计划种什么：
计划怎样种：
需要考虑的因素：棵数；价格；蔬菜类型；栅栏……
决定这样种的理由是：
最终的决定是：

2.元认知支架

元认知是指学生对自己认知过程、结果的思考和监控。元认知就是调控性实践，项目化学习给学生提供了大量的调控性实践的机会，如制定目标、监控计划反思、相互交流点评等。而元认知支架是教师特别为学生提供的支持。表4-14是学生对数学项目的反省。

表4-14　工具14：元认知支架示例

• 我们今天在课堂上讨论的主要数学概念是什么？
• 关于这个概念，我还有什么问题？
• 我或我的同学今天在课堂上犯了一个错误，我从这个错误中学到了什么？
• 我和我的小组是如何处理今天的项目的？我从中学到了什么？我的方法是否与我的小组不同或相似？
• 描述班上其他人是如何解决问题的。他们的方法与我处理问题的方法有何相似或不同之处？

3.学科实践支架

每门学科都有关于如何创建、共享和评估知识的规范和行为方式。简单来说，学科实践就是指每个学科如何做事。学科实践支架支持学生对学科知识难点的学习。

在"奇葩星球辩论会"①项目中，当学生在对论述思路的分析遇到困难的时候，教师提供了如下论述思路梳理表作为学习支架（见表4-15）。

表4-15   工具15：学科实践支架示例

课文	论述针对的现象或问题	论述所揭示的本质，概括的特征	使用的论证方法及效果	论述的针对性与概括性之间的关系
《劝学》				
《师说》				
《反对党八股》				
《拿来主义》				
其他课文				

4.学习实践支架

在项目化学习中涉及大量的学习实践，如探究、社会性合作等。我们可以通过一些小项目作为"练手"，观察和提升学生的学习实践。上海市杨浦区杨浦小学（简称"杨小"）的张余珏老师就通过一个很小的项目②，结合英语教材中"School"这个主题，锻炼学生的学习能力。她给学生提出了一个驱动性问题：

杨浦小学即将迎来10周年校庆，学校将举行多种形式的庆祝及开放活动，届时，许多宾客将来到杨浦小学参观交流。为了更好地接待宾客，现向全体四年级学生招标，请你们用视觉艺术的方式介绍和展示杨小校园。作为杨小的主人，面对外来参观的老师，你会如何介绍我们的校园？

在这个项目之前，张老师观察到学生的口头表达能力和团队项目管理能力都有些欠缺，而经过这个小项目的历练，学生获得了显性的增长：

几乎所有组在第一次小组讨论至第二次小组讨论之间未有效地推进项目。

---

① 本项目来自上海市西南位育中学，设计者和实施者为施春红老师。
② 本项目来自上海市杨浦区杨浦小学，设计者和实施者为张余珏老师。

究其原因，是项目化学习过程中，没有老师统一收作业的要求，面对和同学商定的某个时间节点，学生往往拖拉对待。不过，当意识到项目进程已经大大落后时，学生知道了问题的严重性，他们重新商议调整了项目时间，并最终完成了学习任务。在回顾阶段，"时间管理"也是学生认为最需要重视的问题。

学生的口头表达与展示能力有所提高。这一点在进行第二次展示的小组中体现得尤为明显。所有小组在第二次全年级展示中都修改了展示内容，并且选择脱稿演讲，表达、音量、体态等各方面的改进都使他们显得更为自信。由于第二次展示是面向全年级同学和许多老师、校领导的，学生为了提升展示的效果还做了特别准备，自发彩排，在老师协助下适应多功能厅的设备，准备道具……。可以看到，学生们对于如何将自己的想法更好地进行展示从而令人印象深刻都有了初步的思考和尝试。

我们系统地整理了学生在各类学习实践上遇到的问题，并提出了建议的支架（见表4-16）。

表4-16 工具16：学习实践系列支架

学生提不出问题怎么办？
• 列一面问题墙，鼓励学生相互提问和回答。
• 日常课堂上鼓励学生先提出自己不懂的问题。
• 在每天的作业本上列出自己最想提问同伴的一个问题，并写出同伴的回答。
• 经常设计一些开放性的作业，鼓励学生有与众不同的答案或想法。
在新课开始或在有难度的地方，学生对开放性问题不知从何入手怎么办？
• 教师对开放性问题进行解决策略示范。
• 做一个微项目，让学生熟悉这种流程。
• 让学生自己提出项目，可以按照一定的流程解决这些问题。
学生不知道如何表达自己的观点怎么办？
• 每次上课前做一分钟演讲。
• 打造"talking class"，课堂上提出一个挑战性问题，引导学生两两讨论。
• 对于不敢当众演讲的学生，先鼓励他们在同伴或四人小组前演讲。
• 鼓励将口头演讲和交流作为平常的报告。
• 在小组协作之后，每个学生不是报告自己的观点，而是报告自己同伴或小组全体的讨论结果。
• 帮助学生组建协作小组，建立小组分享观点和倾听的规则。

续表

学生不知道如何搜索和再组织信息怎么办？

• 做一些必要的小报。

• 提出一些问题，让学生思考将要采用怎样的搜索策略。

• 与信息技术教师协作，给学生一些搜索策略和技巧。

• 在春游、作业中布置一些访谈他人的任务，并做好访谈提纲。

• 在参观博物馆前，做好日程的制订和安排。

学生不知道如何进行项目管理怎么办？

• 如果学生没有 PBL 经验或几乎没有 PBL 经验，则可能需要从第一天开始就向他们解释这一过程。他们还可以观看基于项目的学习视频。

• 让学生制订周末和假期日程表，锻炼学生的时间管理能力。

• 开展班级中的自主管理活动，让学生在班级管理中锻炼对项目和时间、任务等的管理，承担小组中的角色，如材料保管员、记录员、音量控制员等。

• 结合现有课程，进行种子的培育、饲养小动物等活动，做好日志。

• 在春游等活动中让学生自己分组完成相应的任务等。

• 结合书籍阅读、天气观察、月相观察，坚持做阅读日志、天气日志、月相日志等，培养学生的坚持性。

5. 资源支架

资源支架是给学生提供资源支持、扩展学生视野、延展学生思维的支架。学生可以在丰富的资源支架中找到项目的灵感或思路，也可以相互提供资源链接，或由教师筛选后提供。比如在抗击新冠肺炎疫情项目中，在探讨"作为小区管理者，如何阻止这一小区中的疫情传播"这一驱动性问题时，教师就可以提供关于病毒传播的视频、病毒在小区传播的真实案例事件等资源；此外，新技术和新工具也是一种资源支架，比如学生在探究水质污染时，获得新的水质污染检测仪，在制作植物宝典时，下载了形色 App，就获得了新的探索可能性，进一步延伸他们对问题的探索深度。

（四）知识与能力建构中的阅读与写作

知识与能力的深入建构离不开阅读和写作。高质量的项目化学习需要学生阅读、写作、报告自己的观点。阅读和写作能够带给学生对大概念、项目主题、驱动性问题的更深入思考的机会，以用促读、读用互动。在表 4-17

中，我们列出了在项目化学习各阶段中可以融入阅读和写作的点。

表 4-17　项目化学习中的阅读和写作

项目化学习	阅读	写作
入项探索	• 寻找并阅读这一主题的阅读材料，建立各种文本主要内容，文本与驱动性问题、与核心知识之间的关系 • 阅读文章或书籍，运用注释、画圈等阅读策略、笔记，提出有价值的问题	围绕提出的问题搜集多方面的信息，有选择地搜集证据，写出问题解决的思路或观点
项目过程	• 寻找并阅读这一主题的阅读材料，理解项目中各词语和问题的含义 • 分析不同来源信息之间的关系，整合和评价各种不同形式的信息，评估推理、证据与观点之间的联结程度 • 阅读各类能够促进对驱动性问题理解的文本 • 阅读图表、数据表等非连续性文本	• 撰写解释性文本，如陈述问题的起因 • 设计和撰写调查方案、调查问卷 • 撰写说理性文本，为研究计划给出合理的解释
项目成果	阅读他人的报告，分析观点与证据间的关联，提出疑问和可以改进的地方	撰写项目报告，在项目报告中运用各类证据，基于证据对他人和小组的报告做出评价

项目化学习中融入阅读和写作的流程和工具有很多，在这里呈现一些在项目化学习中常见的方法和工具。

1. 设置阅读和写作站点

项目过程中设计多样的循环站点，以让所有的学生在有限的时间内都能完成相应的任务。如设计阅读站点和写作站点，学生在这个站点上要完成相应的阅读和写作任务，完成后才能去下一个站点。

2. 设置阅读工作坊

在项目过程中，为了深化学生对驱动性问题的理解，可以设置专门的阅读工作坊。阅读工作坊以学生合作共读为主要形式，引入多元的文本类型，通过合作性的深度阅读，引发学生的批判性思考，发展学生的观点表述能力和逻辑推理能力。阅读工作坊有一定的流程，如表 4-18 所示。

表 4-18　工具 17：阅读工作坊

- 阅读理解 3—5 分钟：每个人有一篇阅读材料，聚焦大问题。
- 形成观点 10—15 分钟：做笔记，形成自己的观点。
- 小组讨论 20—25 分钟：每个人论证自己观点的合理性，回应他人的观点并在组内讨论、总结和整合。
- 带领反思 10—15 分钟：小组汇报各组的观点和论据，教师带领学生进行反思。

3. 引入深度阅读策略

阅读站点和阅读工作坊的设立都需要学生有一定的独立深度阅读和合作共读的能力，如果学生阅读能力比较薄弱，需要教师引导他们掌握深度阅读策略。

教师可以引导学生多次阅读文本，让学生带着不同的目的进行深化。比如，第一遍，通读，边阅读边标记遇到的阅读障碍，在每个段落前标上序号；第二遍，细读，关注哪些是重要的内容，还想知道哪些更多的内容，在回答问题时，在文中画出依据或证据；第三遍，深读，能对文章进行全面的综合和分析，联系前文或其他材料进行总体分析，并用口头或书面的形式予以表达。此外，也可以给学生提供深入提问的策略作为深度阅读策略的工具。

- 事实性的问题，如 when、where、who、what、how。
- 分析性的问题，如文章结构、语言特色、文章观点等。
- 关联性的问题，与自己的经历和生活的关系，与同体裁、题材的文本的比较等。

教师也可以引入一些有趣的阅读游戏，将策略融入其中（见表 4-19）。

表 4-19　工具 18：阅读策略——井字游戏 ①

　　根据你最喜欢的书里的内容，完成下面的井字游戏。请填写三个格子使它们穿过中心点且连成一条线，快来填一填吧！

---

① 本游戏来自"太空探索'家'"项目。

续表

预测	有趣的事实	问题
根据书名，我猜这本书的内容是关于：	我在阅读的过程中，发现了两件有趣的事情：	读完这本书后，我还想了解的问题是：
主旨 这本书的主旨是：	观点 我对这本书里的内容有这样的观点：	我学到了 读完这本书后，我学到了：
细节 我认为这本书的主要章节是：_____，理由是：	联系 我发现这本书中的内容和我的生活/其他书中的内容/周围的世界有以下的联系：	摘要 我发现这本书讲的是（请包含人物、时间、地点、事件、中心思想）：

4.指向观点—证据的写作支架

围绕自己的观点有理有据地表达、写作是非常重要的能力，在项目化学习中，尤其需要学生的这种能力，并应通过各种方法发展学生的这种能力。如下呈现的是指向这一目的的 PEEL 写作工具。

PEEL 是 point（观点）、evidence（证据）、explain（解释）、link（连接）的缩写，是将阅读材料转化为学生自己思考和观点的过程，有助于培养学生的写作能力和逻辑思维能力。

● 观点：主要说明了什么。

● 证据：说明或支持自己观点的理由。

● 解释：解释观点和证据之间的关系。

● 连接：将观点和证据与现实联系起来。

我们可以将上述策略转化为如图 4-4 所示更形象的框架图，用这一框架图支持学生进行有理有据的表达。

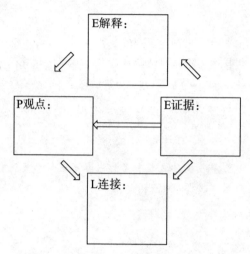

图 4-4　工具 19：有理有据的观点写作

（五）知识与能力建构中的（跨）学科阅读与写作

学科读写是指每个学科（如语文、数学、科学、历史）专门的阅读和写作，指向学科知识的建构。学科读写不同于日常读写，因为它的学科专业性，需要学科教师的支持和引领。项目化学习中需要纳入学科读写，以增加项目的知识建构深度。（Shanahan et al., 2014）

在"细菌"主题的项目中，如果能匹配阅读诸如高士其的科普读物《细菌世界历险记》，再让学生模拟细菌的生存环境，撰写相关的科普文，可能就会更有深度。在 STEM 项目中，如果直接让学生给小动物们造一个家，他们可能缺少切身的感受，但是如果先让学生阅读童书《人鸦》，有同理心地从学生的角度来思考，再让学生以一种小动物的口吻介绍它的栖息环境，模拟这一角色在校园中寻找适合的栖息地，然后再来完成这一项目，他们的体验会更深刻，学生所能考虑到的维度会更多样。

在项目化学习中，教师可以结合本学科进行学科读写，从而帮助学生理解文本。这是学科素养的关键之一，让学生知道各个领域不同的阅读方法，而不是仅仅用读语文书的方法去读多样的文本。如下我们对不同类型的学科读写进行了描述。

1.科学和技术类读写的特点

科学家的研究需要系统的观察和实验，采集、整理、分析各类数据。工程技术人员需要系统地调研用户的需求，评估工程情境，进行工程设计和严谨的实施。基于科学技术的这些特点，科学和技术类的文本表现出严谨的问题意识和实证倾向。科学和技术类的文本阅读和写作可以深化学生在科学和技术类项目中的探索，培养学生的实证精神和理性的态度。

科学和技术类的阅读需要学生善于阅读量化的数据，对实验现象进行解析；区分由实验调查等获得的第一手资料与由文献获得的第二手资料；用数据佐证自己的观点；建立数据、图表与文字之间的联系；形成可以接受检验的观点；各个观点之间形成富有逻辑的内在联系；清晰准确地传递信息；理解观点、证据、推论三者之间的内在联系等。

科学和技术类的写作一般需要学生展现出平实、准确、简洁的语言风格，行文中穿插数据、图表来共同建构对某一个现象的解释。科学和技术类的写作需要学生熟悉科学词汇和数据，联系上下文和相关的背景知识进行准确阐释，把握材料的基本结构和逻辑线索。

2.社会和历史类读写的特点

社会类文本的产生并不是凭空想象的，需要针对社会中的某一现象、问题、人群，运用观察、调查、调研等方法，收集来自现场的大量的调研数据和材料，评估分析，验证信息的可信度，以此揭示问题背后的深刻原因，有时候还要提出对策，形成调查报告、政策建议等。

历史文本需要历史证据，历史学家依赖现有资料进行研究，需要获得大量的原始史料，以及他人撰写的有关事件的史料。他们还需要评估这些史料的可信度，不同历史时期他人对这些史料的解释（Shanahan et al., 2014）。随着挖掘出的历史资料的不同，以及时代变迁所产生的新的思潮，历史学家的观点可能会发生变化。

就历史和社会研究学科的项目而言，在项目中需要引导学生评估各种第一手资料的可靠性、相关性，各种第二手资料的相互关系、与第一手资料的关系等，体会历史和社会研究领域文本或雄辩或客观化的语言风格。

3. 文学类读写的特点

文学类文本遵循的主要是相应文学体裁的美学规范，体现一定的美学效果。文学依赖于通过语言和文字实现对人类经验的转化。文学类文本需要创作者有非常敏锐的视角和高超的文字驾驭能力；文学评论家所创作的文本则更加理性，需要从文学价值、谋篇布局、语言运用、隐喻的使用或情感的特征等多种视角来分析、评估文学文本。在文学文本、文学评论的文本读写中，学生在阅读中需要学会分析作者的写作思路、语言技巧，学会评价作者的观点，也可以提出自己的不同看法并为自己的观点提供论据。

4. 跨学科读写的特点

跨学科读写彰显了通用的研究、解决问题的功能。在不同学科的阅读和写作中，学生都可以整合各种形式的信息来解决问题，综合各种来源的信息以形成对事件、现象的理解。这种思维建构在不同的学科领域中会有一定的相关和迁移，所以称为跨学科读写。如文学阅读中"引用文本证据以支持对文本的分析"的能力点与历史和社会研究文本阅读中相应的能力点就有很大的相关性，前者水平的提高很可能带来后者一定程度上的提高。（刘华，2014）

我们以观察报告为例，观察报告同时涉及科学和语文的学科实践。在部编版语文教材中有关于观察表、观察日记的学习支架。观察日记需要"记录观察对象的变化，还可以写写观察对象的过程，观察者当时的想法和心情"，并提供了表格式、图文结合式等不同的学习支架样态。这就是比较好的语文学科实践。但是观察报告要有实际的价值和意义，要以科学项目作为载体，引导学生观察自然、实验中的丰富的现象，形成观察报告。而当在真实的项目中探讨观察报告时，仅仅停留在语文的层面就不够了，除了书上现有的框架外，我们还可以提供更多的挑战。表4-20中提供的观察报告写作指南供大家参考。

表 4-20　工具 20：观察报告写作指南

科学写作：观察报告写作指南

写作前：

1. 按照一定的顺序仔细观察，从上到下，从远到近，从局部到整体等。

2. 连续观察。记录每次观察的日期、时间、主要观察点。

3. 运用图示辅助观察。除了用眼仔细观察外，还可以用拍照、画草图、符号记录、录音等方式记录下观察内容。

写作中：

1. 给出观察目的。写下观察的原因。

2. 按照时间顺序呈现观察表或观察日记。可以采用图文结合或表格的形式。

3. 运用准确的词来描述所观察到的形状、大小、颜色、纹理、行为、运动轨迹等。

写作后：

1. 修改文章，确保时间顺序、配图的准确性。

2. 修订病句、错字，保证文通句顺。

四、合作探究

合作探究需要围绕具有挑战性的问题共同探索、解决问题，从而促进所有成员的成长。合作探究或合作问题解决，指向两个维度：一是社会性维度，保证所有成员平等共享地参与，同时增进他们沟通、交流、协作的能力；二是探究性维度，保证每一个成员都能够获得认知上的成长，同时增进他们提出问题、分析和解决问题的能力。在合作共同解决问题的过程中，成员间需要实现高度的智力平等和互助。（Van Der Linden et al.，2002）从学习的角度来看，合作探究中比较难的是围绕项目主题产生深度对话，达到个体学习所不能达到的学习深度。

现场：课堂中的多轮探究式对话如何产生？ [①]

项目描述：《英雄》这个单元围绕"谁是英雄？"这一驱动性问题展开。关于英雄，学生呈现出两类片面的理解：唯超级英雄，只关注抗日英雄、美国队长等英雄形象；泛身边英雄，将所有在日常生活中辛勤工作的角色都当作英雄，如教师、清洁工、妈妈等。为了培养学生的多元分析视角，并从写作方面引导学生理解英雄的品质和人物描写、事件选取之间的关系，我们基于教材重构了四个文本，组成了项目单元：普罗米修斯盗火种，小男孩洛迪在洪水中救妈妈，嫦娥为了阻止逢蒙成仙而自己吃了仙药登月，瑞恩用自己做家务挣的钱救助非洲儿童。

学生在整个项目过程中要进行多轮探究式对话，以产生对英雄、英雄品质和人物形象、事件的深入理解。为此对学生的活动参与结构也进行了设计：

（1）学生填写自己心目中的英雄及支撑自己观点的理由。

（2）教师提供阅读材料并提出关键问题：你认为这些文章中哪些人是英雄，为什么？

（3）学生独立阅读并填写 T 型表。

（4）学生在小组中进行讨论，小组形成有共识性的观点和有分歧的差异点。

（5）小组在全班面前进行开放性的班级讨论，在小组判断英雄的标准上达成共识。

（6）新的小组阐述自己的观点，直到对判断英雄的标准达到饱和。

如下呈现关于瑞恩和洛迪到底是不是英雄的讨论片段。首先由认为瑞恩和洛迪是英雄的小组成员向全体学生陈述本小组讨论的观点。

Z：我们两个人认为瑞恩和洛迪是英雄。这是因为，学校说要捐助以后，瑞恩说要通过自己的努力先挣钱，后来他影响了他周围的很多人，你

---

① 案例来自上海市高安路第一小学，设计者为夏雪梅、马骥。本案例的部分描述和分析摘自：夏雪梅，2019. 在传统课堂中进行指向高阶思维和社会性发展的话语变革 [J]. 华东师范大学学报（教育科学版）（5）：111-112.

看文章中说，他帮助的不是一两个人，而是许许多多的人。而洛迪不顾自己的生命安危，很坚决地去救妈妈，所以他也是英雄。

教师采用了"保留小组内不同观点"的策略，小组中的讨论就更激烈了。这个小组有四个人，他们的观点并不是一样的。教师再采用组间讨论的方式，让组内的差异在全班同学前暴露，加深思维力度。Z 说完后，另一个男生 T 总结了小组中另外两个人的不同观点。

T：我不同意他们的观点。因为瑞恩虽然做了这些努力，但是如果没有他的妈妈和周边其他人的帮助，他是不可能帮助其他人的。所以瑞恩不是英雄。

小组讲完后，组长 J 面向全体同学说：所以我们小组的观点是，英雄是助人为乐、舍己救人，而且光明磊落、为人正直、不做恶事的。大家有什么不一样的观点？

面向全班的思维暴露不是重复组内的观点，而是汇聚全班相似的观点，这样可以迅速地在全班范围内加强对不同观点的讨论力度，而有了前面小组的铺垫，即使是很害羞或学习水平比较低的学生也能敢于发表自己的观点。

一名平时很内向的男生 X 站出来说：

X：我不同意你们关于瑞恩和洛迪不是英雄的观点。我认为，瑞恩是英雄。

T：他帮助了别人，但是也得到了别人的帮助，所以不是英雄。

X：我觉得瑞恩也算英雄。因为非洲儿童没有水喝是一件非常痛苦的事情，而从文中来看，他的妈妈让他用做家务的方式来挣钱，瑞恩没有放弃一直坚持做下去，他牺牲了自己游戏、玩耍的时间来帮助非洲儿童。

S：也就是说，虽然他的钱是他自己的，但是他获得的渠道不一样，有的人的钱是别人白给的，但是他的是通过自己的劳动、牺牲个人的时间努力获得的。

T：（拿起笔，接受了 X 和 S 的观点，将瑞恩放到了英雄这一栏中。）

教师：能否总结一下你们这一组的观点？

J：我们小组调整了观点。英雄是助人为乐、舍己救人、在任何时间任何地点愿意帮助别人的人，是愿意牺牲自己的时间/利益来帮助别人的人。

这个片段体现了小组成员与全班成员如何改变对英雄的原始观念，发展出更为准确、清晰的概念，非常清晰地提到了牺牲自己的时间、利益的观点。

教师看向下一组：听完了上一组的发言，你们这一组有什么观点需要调整的，请说出理由。

组4：我们听了上一组的发言，其实已经改变了关于瑞恩的看法，现在我们已经同意了，瑞恩是英雄，因为他牺牲了自己的玩耍和休息的时间，通过自己的劳动去帮助别人。

这种对英雄的理解在另一个小组中得到了迁移，第四小组通过倾听与边缘参与这一过程，主动调整了自己对瑞恩的理解。这个课堂中的合作推理完全由学生自主进行，教师在课堂上几乎没有进行任何控制，但是学生之间的讨论很好地体现了用证据支撑自己的观点，共同推理达到对一个抽象概念的深入理解这一过程。

（一）什么是好的合作探究？

项目化学习中的合作探究是生生在教师支持下共同解决问题的过程。合作探究与通常我们所理解的"分工做"是不一样的，它不是仅仅让大家各自做好自己应做的事情，而是更带有智力上的共同分享、探索与相互激发。从学习的意义上看，它与日常课堂中的小组合作有相同点，但又具有真实世界中的专业领域的团队特点，对学生的挑战性更高。两者区别见表4-21。

表4-21　项目化学习中的合作探究与日常课堂教学中的小组合作的区别

	项目化学习中的合作探究	日常课堂教学中的小组合作
相同点	• 智力上的平等 • 情感上的互赖 • 通过深入交流达到超越个体学习的成效	

续表

		项目化学习中的合作探究	日常课堂教学中的小组合作
不同点	**目的**	• 完成项目 • 形成共同的成果	• 解决某个小问题，交流观点 • 不一定产生结果
	时间	入项到出项需要几天、几周，甚至几个月	课堂中的某个片段，一般几分钟
	团队性质	带有专业团队性质，像科学家、工程师一样合作项目，经历项目管理、分工、讨论与论辩、产生成果等过程	学习伙伴关系
	合作伙伴	• 2—4人小组 • 全班的项目小组 • 跨班级、年级的项目组 • 跨学校、国家的项目组	• 同桌 • 四人小组

如上"现场"呈现的是整个项目化学习中的一次日常课研讨的过程，与通常的课堂讨论相比，持续的时间更长，更指向项目的目标。

好的合作探究有如下特征：

1. 项目团队的组成应多元灵活，在团队磨合中建立相互信任的互赖关系

真实世界中的复杂项目需要多元而异质的团队共同努力。基础教育阶段的合作探究不仅要让学生完成项目，还富有教育意义，要让学生理解为什么要与自己不熟悉的人或想法不一样的人共事，学会共事的方法。多元而异质的团队能够培养学生更宽容、包容和多样化的视角。但是，学生之间的差异也不能太大，有研究表明，协作在能力、性格和过往经历方面存在中等差异的异类群体中最有效。（Damon et al.，1989）团队在项目中的组合可以采用正式和非正式结合小组的形式，非正式结合小组用于短期任务，如快速头脑风暴会议，也可以是专家拼图等方法。

2. 项目团队的小组规模要适切，以提升项目团队凝聚力和降低认知成本

项目团队组建的一个误区就是认为人越多越好。事实上，小组规模在很

大程度上取决于年段、任务的性质。对于幼儿园和小学低段的学生而言，他们处于自我中心发展阶段，社会性发展还不够成熟，也没有掌握足够多的互动、沟通、合作探究的技巧，很难分配更多的注意力给其他人，较小的群体，比如两两的研究伙伴更加适合。随着年段的升高，可以扩展到 4 个人、6 个人等。3、5 等单数不太适合，很容易造成一个学生落单。随着学生人数增多，越有可能带来管理上的问题，沟通成本也会增大，对学生和教师都是一个挑战。此外，每个团队中要尽可能有男女生的组合。有研究发现，女孩会在项目中有更好的共同目标，这是提高工作绩效的重要考虑因素。（Strough et al., 2000）

3. 认知角色分工和管理分工兼顾，保证每一个成员智力上平等的成长

项目化学习的组员有两大类角色：认知角色和管理角色。认知角色是指需要特定类型的思维或专业知识的角色，比如作家、演讲家、动物学家、外交官、宇航员等。认知角色保证每个人的智力参与，以实现智力上共同成长为原则。管理角色是指有助于确保小组成员相互配合的角色，比如主持人、记录员、计时员、资料保管员、检查员、声音控制员等。管理角色也是需要的，可以提醒每个组员都将注意力集中在项目上，确保每个人了解自己的角色和分工并完成各自的任务。

但是，项目化学习中不能仅仅只让学生承担管理角色！因为管理角色往往是没有认知贡献的，而且越到高年级，管理角色对项目问题的解决、成果的形成其实并不太重要，反而会让学生感到虚假。因此，在项目化学习的进程中，我们应该避免完全用管理角色来分配，要让每个学生以智力性的方式做出贡献。

4. 像真正的专业领域的团队一样合作，进行深度的探究式对话

合作探究体现了研究者，如科学家、工程师在日常生活中的合作本质，大多数科学和工程问题都需要协作，以将团队在解决问题时提供的各种知识、资源和经验汇聚在一起。如果学生正在研究大气的变化，他们可能会扮演化学家、生物学家、地质学家和生态学家的角色，这些合作都带有专业知识和特定的思维视角：化学家研究化石燃料的燃烧如何影响环境；生物学家了解农业实践如何促进气候变化；地质学家可研究森林砍伐和其他土地用途对气

候变化的影响；生态学家着眼于整体情况，确定人与自然如何与环境互动。总之，科学家和工程师经常在专业会议上介绍他们的研究成果，并发表在期刊上。他们希望其他人批评他们的工作，分享研究成果。这样的对话带有专业领域研究的专业性质，学生以专业知识与他人进行思想交流，提高体验的质量和思维的深度。

（二）如何组建项目团队？

基于上述探讨，在项目团队的组建上，需要考虑项目成员之间的多元搭配。巴克教育研究所建议要由教师选择队员，而不是学生，因为由学生自己讨论团队的组成会浪费很多精力，而且对那些不受欢迎的学生而言，这一过程容易造成孤立。（拉尔默，2018）[90]此外，学生在分组中会倾向于选择自己的朋友，更容易导致小团伙的拉帮结派、集体开小差等。教师在分组中可以采取随机分配的原则，比如根据学号分组，根据扑克牌花色分组，也可以根据共同的研究问题分组，如所有想探究同一类动物栖息地的学生可以分在一组。随着学生的年段升高和合作性的增加，可以让学生有更大的自主权，同时也要提醒学生，能够和不同的同学，特别是自己以前接触较少的同学一起合作是非常宝贵的机会和资源。

1.形成"好"团队的共识

在项目合作探究之前，可以让学生自己讨论什么是好的团队，好的团队是如何运作的。如表4-22所示的工具从多个角度让"好团队"可视化，有利于学生达成共识。

表4-22　工具21："好团队"画像

好团队：看上去是怎样的	好团队：说话是怎样的	好团队：做事是怎样的	好团队：给人什么样的感受

2. 签订团队协议

团队身份塑造了团队身份认同友情。青少年需要得到同伴的认可，并需要认同自己属于一个群体。形成共同的愿景、选择组名、创建团队标语或创建小组网页等都是有效的策略。

签订团队协议（如表 4-23 所示）是所有人参与和达成共识的过程。学生们需要讨论规则，遵循决策和冲突解决的规则。在低年段，可以非常简单。随着学生年段的升高，可以引导学生对系列的问题进行思考。

表 4-23　工具 22：团队协议

团队名称：
团队成员：
团队目标：
我的目标：
他／她的目标：
我们共同的目标：
团队中成员的任务和角色：（学生需要讨论如下问题）
• 项目需要哪些角色和任务？
• 我们将如何选择领导者？
• 每个人的角色和任务是什么？
我们将共同遵守如下约定：（学生需要讨论如下问题）
• 当有些人不工作时会发生什么？
• 如果有人没有履行职责将会遭到怎样的惩罚？
• 如何让大家共享材料，共享回报？
• 如果有人缺席或不准时提交任务会怎样？
• 团队将如何处理团队内部出现的各类问题？
我们团队的规范：
• 我们认可并利用每个团队成员的特殊才能；
• 我们以团队的方式发展思想并创造产品；
• 单独完成的任务将在团队中汇报以寻求反馈；
• 我帮助团队解决问题并管理冲突；
• 我给团队成员有用的反馈；
• 我会在团队成员需要时帮助他们。
团队签名：
时间：

上述项目协议可以根据学生情况做调整。签订团队协议是一个重要的仪式，让所有人都理解，每一个人都投入到项目中并承担项目责任是非常重要的，每个人都应该在团队中发挥独特的才能。

（三）团队的项目管理

项目化学习的团队探究离不开项目管理。团队可以通过团队日志来呈现项目的进程，并对过程进行监控。团队日志是一种自我管理的工具，也让教师和其他团队了解项目进展。从技术上说，线上可以使用现成的日程管理工具，线下也可以在教室的项目墙上列出每一个时间段每一个人的进展。表4-24是一个团队日志表示例。

表4-24 工具23：团队日志

＿＿＿＿＿＿组管理日志				
项目名称：				团队成员：
时间	今日完成事项	问题	解决	负责人

学生可以通过每日的反思和交流，推进项目进程，同时通过公开项目进程，获得来自其他团队和教师的监督和建议，以提升团队效率，形成更好的实施成效。

（四）促进团队的深度探究

学生在合作中学会合作。合作探究要达到比个人探究更深一步的理解，需要一些支架和方法。

1. 项目议会

为了提升学生的项目讨论质量，有些学校每天或定期组织"圈谈""项目组会"（如表4-25所示）或"儿童会议"，不管名字叫什么，主要是交流学生们在项目进程中的问题、进展和后续方向，这种以儿童为主的讨论不仅可以锻炼学生的口头表达能力，同时也是推进项目进程的一种重要的方法。

表4-25　工具24：项目组会

目的： 了解项目进程，解决项目中的问题。 **时段：** 可以根据实际情况考虑每天还是每周，每次进行的小组数量。 **流程：** • 项目小组轮流提出本项目中经过讨论还是难以解决的问题； • 其他同学倾听并提出解决办法； • 同伴评议； • 总结提炼。

2. 倾听关系的建立

倾听能够建立项目同伴间的信任关系，让彼此的对话和讨论更加深入，更指向高质量的项目探索和成果。对低年段的学生，要让他们知道什么是好的倾听：

▶听懂了点点头，没有听懂摇摇头；

▶倾听是要眼睛看着别人，心里想着他所说的话；

▶每个人都可以轮流说话，可以设定一个发言棒，保证说话的公平性；

▶在别人发言时不打断别人。

到了高年段，倾听的要求可以更高一些：

▶合理运用肢体语言和面部表情；

●聆听关键细节；

●总结发言者的分享；

●轮流进行聆听和讲述；

●围绕主题；

●清晰而有逻辑地阐述；

●用他人能接受的友好方式表达自己的不同观点。

　　在学生小组的合作探究过程中，学生倾听同伴的观点和意见，记下并相互报告对方的观点，整理相同的地方和不同之处。设计各种记录单（如表4-26所示）也是一种有效的支持学生倾听的方法。

表4-26　工具25：学生团队倾听记录单

时间	讨论轮次	同伴1的观点	同伴2的观点	同伴3的观点	共识与分歧
	讨论1				
	讨论2				
	讨论3				
	最终共识				

3. 探究型对话

　　探究型谈话是指所有的参与者都参与到对他人的观点的批判和建构中。知识是公开的，推理是可见的。在科学领域，研究者们经常运用探究型的谈话和推理（exploratory talk and reasoning）来提高儿童的推理和合作活动的质量。（Mercer et al.，1999）

　　在讨论交流的时候，成员都需要说出理由和证据，可以采用表4-27中的句式，或者将类似的句式进行张贴，放在作业单中，引导学生要求对方给出理由。讨论中还涉及如何劝说他人接受自己的观点，比较不同观点的合理之处，接受别人更合理的观点。教师可以通过让学生参与角色扮演、模拟审判、写信来培养这种能力。

表 4-27　工具 26：探究型对话的规则和推理

规则	问题模板
（1）共同讨论，询问所有人的观点 （2）要求说出理由，倾听所有人的发言 （3）做好改变自己的想法的准备 （4）在说之前有良好的思考 （5）尊重他人的观点 （6）分享所有的观点和信息 （7）确保所有成员认同谈话后形成的观点	• 我认为…… • 我同意……的观点，因为…… • 我有一个不同的想法，因为…… • 我同意你的观点，因为…… • 我有一个问题，关于…… • 我认为我们应该……，是因为…… • 我发现…… • 我认为会发生……，因为…… • 我今天学到了……

引导学生学会批评思想而不是批评人，学生可以练习使用"我"消息代替"你"消息。例如，说"我认为这可能是解决此问题的更好方法"，而不是说"你不能以这种方式解决问题"。最后，可以教会学生如何基于证据进行争论。有证据支持观点可以更轻松地表达观点。

五、形成与修订成果

项目化学习与其他探究类学习方式的一个重要区别就在于，项目化学习需要产生可见的公开成果，需要通过显性的项目成果看到学生的学习过程。

> **现场：测量旗杆的研究报告 [①]**
>
> 项目描述：学校发布与校园有关的数学问题探索令，学生们挖掘不同的数学问题，这一组确定的问题是如何测量旗杆的高度。在这个活动中，学生经历了确定研究问题、选择研究方案、具体实施、分析方案的优劣、测量结果这五个过程。如下是这一组中的一名学生撰写的研究报告。
>
> **一、确定研究问题**
>
> 　1. 小组中的每个成员提出自己的意见

---

① 本项目来自华东理工大学附属小学，作者为华东理工大学附属小学五年级的学生罗梓萱。

顾先提了意见："我们就测身后那排柜子的高度吧。"

阳："我们最近刚学了平均数，可以测每个班级的平均人数。"

宋："如果在操场草坪上画一个最大的圆，它的面积是多少？"

刘："用一升水拖地，最多能拖多少平方米的地板？"

李："一个教室里大约有多少地板板材？"

我受了可以量高度的启发，一转头，刚好看到了高高耸立在操场上的旗杆，就说："看那根旗杆，那么高，测起来肯定有些难度，要不我们测它的高度吧。"

2. 小组讨论确定研究问题

同学们很快就否决了顾的方案，因为它太简单了，只需要用尺子量一量就能得到答案；阳的方案也被否决了，因为这需要去每个班级统计人数是多少才能算出来，有些太麻烦了；宋的方案，因为图形是圆形，需要用圆周率进行计算，是无限不循环小数，没办法得到精确答案；刘的方案呢，因为太复杂，无法计算出来，所以也被否决了；李的方案太简单，只需要用教室面积除以每块板材的面积，就得到了结果。最后，只剩下我的方案了，同学们都觉得不错。于是，它就成了我们的研究问题了。

二、选择研究方案

确定了主题后，我们一共提出了四个研究方案。

1. 影子方案

我们很快就想出了用影子来测量的方法。可是怎么才能知道影子和旗杆的高度比例呢？顾想出了一个不错的主意。他说，为什么我们不能把自己的影子和身高的比例算出来呢？于是用影子进行测量的方法就成立了。

2. 拉绳方案 A

我想到用测量升旗绳的方法来测量旗杆的高度。需要三个人配合：第一个人升旗，旁边一个人用尺测量刚才升旗的长度，第三个人做记录，并把所有长度加起来。

3. 拉绳方案 B

它是测量升旗次数的估算方法。升旗的动作是双手轮流向下拉绳子，只要每次手臂的动作幅度差不多，那么把拉的次数和乘以手之间的距离，就可以知道旗杆的高度了。算完之后再加上手到地面的距离和国旗的高度，就是最终的答案。

4. 比例估算方案

还有一种估算的方法：让一个人贴着旗杆站直，其他人跑到离旗杆远一点的地方，用手比画一下，看看旗杆有多少个那个人的身高。用个数乘以身高，得出答案。

三、具体实施

经过 1 个星期的准备，第 2 个星期我们实施方案。刘带来了 20 米的卷尺，李量了身高，是 1.40 米。上面四个方案的具体实施如下。

1. 影子方案

我们先测出了李的影子长度是 1.75 米，1.75÷1.40=1.25（倍）

又测出了旗杆的影子长度，它是 15.50 米。15.50÷1.25=12.40（米）

所以这个方案的结果就是 12.40 米。

图 1　测量旗杆影子长度

2. 拉绳方案 A

因为现场发现新条件，没有执行原方案，更改成了新方案。在把国旗降下来以后，我们发现国旗是用夹子夹上去的，不是缝上去的，于是就灵机一动，想出了替代方案：把卷尺的末尾夹到顶端的夹子上，用下面的夹子固定。再把国旗升到顶，看垂到地面是多少米。只是它有些不太容易操作，夹子夹不紧尺子，我们在升到一半的时候，卷尺掉了好几次。这个方案的结果是 12.07 米。此外，它也有不足之处，那就是两个夹子之间的尺不直，有点弯曲，比实际结果要多出几厘米。

图 2　测量拉绳的长度

3. 拉绳方案 B

我们让李升旗，测出他两只手之间的距离大约是 20 厘米。他一共拉了 47 次，47×0.20 米等于 9.40 米。加上手到地面的距离 1.1 米，再加国旗的高 1.3 米，一共是 11.80 米。

图 3　测量李两手之间的距离

4. 比例估算方案

李站在旗杆旁，我和阳站到足球场的中场，用手测了李和旗杆的高度比例，旗杆有八九个李的身高。计算出来，结果是 11.20—12.60 米，正好在前面结果的范围内。我们取它的中间数，是 11.90 米。

图4   估算李身高和旗杆高度的比例

四、分析方案的优劣

方案1：旗杆是比较细的，影子不太清晰，可能会差几厘米，而且旗杆下面有台阶，影子变形了，所以测量结果会有一些偏差。

方案2：测量原理是比较准确的，但是尺子的弯曲影响了准确性，而且也不容易操作。

方案3：很容易操作，但是不准确，因为每次拉绳子的距离不可能都相同。

方案4：和方案3一样，容易但不准确。

五、测量结果

根据以上分析，四个方案的结果都不一样，所以我们就取了平均数。用12.40、11.90、11.80、12.07做平均数，最终的结果约等于12.04米。

回想整个项目的过程，我们有几点体会：

（1）要准备多个方案。如果我们只想了一个方案，那么很可能无法执行或不够精确。无论是在做数学题的时候还是在处理实际生活问题的时候，都需要多准备一些方法，才能得到最准确的结果。

（2）要灵活应变。比如执行方案2的时候，我们就发现了更好的方案，及时修改了它。

（3）团结很重要。做事情要群策群力，才能做得更好。在确定主题时，只有大家都积极参与，才能想出这么多主题；在确定方案时，才能想出更多方案；在实施方案时，需要大家一起配合，才能完成。

（一）什么是好的成果？

成果是项目化学习区别于其他学习方式的一个典型特征。对成果的重视程度不同流派不一样。巴克教育研究所对成果并不那么重视，他们看重过程，强调"学术知识"及"21 世纪所需的关键技能"，而 HTH 则非常强调最终的产品，要以精益求精的态度产生达到上市要求的产品。

对大多数的中国学校而言，更为可行的是强调项目化学习的过程价值，关注核心知识、能力在成果中的转化，关注学生的学习是否真正发生；而那些致力于项目化学习先锋创新的学校，可以在关注过程的同时也强化专业性的、精益求精的成果，助力学生打造更能带来成功感和自豪感的产品。

在《项目化学习设计：学习素养视角下的国际与本土实践》中，我们提出了好的成果的快速核查清单。在新的实践中，我们结合以往的探索，再进一步分析在注重过程的视角下好的项目成果是怎样的。

1.要有成果，且成果能回答驱动性问题

有一些项目做了，但没有明确的成果意识，没有规划任何成果，更没有通过成果来倒推目标是否达成、驱动性问题是否解决的意识。还有一些项目，虽然有成果，但与驱动性问题无关。比如"蜂巢为什么是六边形的"是数学项目化学习的一个驱动性问题，但如果成果是让学生撰写大自然真奇妙的小报，那结果就偏了。

同样的驱动性问题可以有多种不同的成果形式。比如蜂巢这个问题，成果可以是一份回答这个问题的研究报告，也可以是一篇科普文，或录制一个包含密铺问题的视频并配上讲解和图片，这些多样的形式都是可以的。前提是，在这些多样的形式包裹下，都是在回答驱动性问题。

2.成果要包含对核心知识与能力的转化和迁移

好的成果要体现对核心知识与能力的深度理解和转化。如果学生在营养均衡类的项目成果中只是泛泛地说要荤素搭配，那就意味着学生没有获得强有力的知识。再举个例子，在"动物住的地方都一样吗？"这个项目中，核心知识是对动物栖息地、动物与其所处环境的理解，项目成果是儿童们共同搭建动物园。如果学生搭建的动物园只是关注动物本身的制作，动物园的大小、材料等问题并没有展现不同类型的动物的栖息地与环境之间的关系，那么这个项目成果就不能说是高质量的。

在一个项目化学习中可能有很多核心知识，那么是不是所有的核心知识都需要在成果中体现呢？我们认为是需要的，但是可以分阶段分布到项目子成果中。同时，核心知识还需要落实在每个人的个人成果中。

3. 成果要体现创造性，对自己和他人有影响力

成果与作业的一个重要的区别就在于价值取向。作业是自己学到知识的证明，而成果不仅证明自己学到了知识，还要说明知识的用途。用美国教育心理学家珀金斯（2015）的话说，"是有生活价值的"。成果的意义在于能够真实地影响学生的生活，他的所思所想，尤其是这个成果对自己和他人的价值。比如一本给弟弟妹妹的诗集引发了弟弟妹妹对诗的喜爱；一个自己动手设计的简易灌溉装置能在假期里给教室的花浇水；一个关于在校园栖居的小动物的生存指南能够真实地促进对校园内小动物的保护。这些富有自我价值和社会价值的成果能够对学生产生更真实和持久的影响。

让成果产生光彩还可以考虑强化独创性和艺术性。项目成果不只是按部就班完成的任务。将创造性融入成果往往会让成果焕发出独特的魅力，也更能够激发学生和其他伙伴对富有创造性的人类工作的价值认同感。

（二）以终为始的成果筹划

那么，如何产生这样的好的成果呢？

诚如前文所述，在 HTH 与英国未来教育项目组联合出版的《注重作品：项目学习法教师指南》一书中，列出了项目成功的三要素：公开展示、多种方案以及分析评鉴，这三者都与制作优秀的作品息息相关。（Patton，2012）

从这本书的定位可见，在这一流派的实践中，项目主要是围绕成果来打造的。虽然我们并不倡导完全的成果导向，但是我们认为，在项目的开始阶段进行以终为始的成果筹划，引导学生思考将有可能出现的不同方向的成果，也是很有必要的。成果的完成和出项会有一定的驱动性，长期的思考和改进会让成果有更高的质量。

我们可以用问题链与成果对应表（如表 4-28 所示）来规划最后的总成果

以及阶段过程中的成果。当然，我们也可以直接在本章开始的项目实施规划的各种表中直接加入子成果一栏。

表 4-28　工具 27：项目问题链与各阶段成果对应表

驱动性问题		预期成果	
子问题 1		子成果 1	
子问题 2		子成果 2	
子问题 3		子成果 3	
子问题 4		子成果 4	

　　举例而言，在"太空探索'家'"这个项目中，问题链和相应的成果在项目开始阶段就会引导学生思考并给出可能的方向，学生要在这些规定的方向上进行探索和尝试。对于这种虚拟情境中的问题，这样的设定会有助于减少学生盲目的探索。我们还可以用非常形象化的方式表现出这种持续探索的历程，如图 4-5 所示。

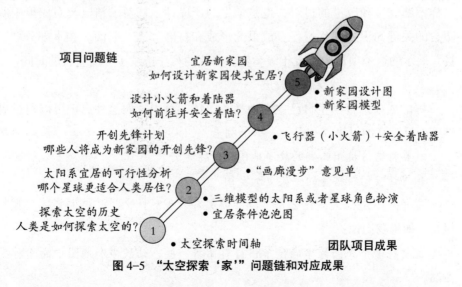

图 4-5　"太空探索'家'"问题链和对应成果

　　在以终为始的成果策划中，不仅是思考项目成果的形式，还可以预想核心知识在真实情境中将要表现的实践样态，即将怎样被做出来，如此可以促进项目化学习与驱动性问题之间的呼应，项目化学习实施过程的充实，也对提升成果质量有更现实的意义。

　　同样，在以终为始的成果策划中，在较高年级的学科项目和跨学科项目中，如果能思考项目成果中如何体现专业人群的思考和行为方式是很有意义的。想象这些领域的专家们将如何行动，如何提交成果，以更符合这个领域的专家所遵循的成果规范。科学家不会做一个小报，他们可能会做一个研究报告或者面向公众的演讲，他们所提交的材料也不会只有几张粗糙的图或简单的说明，他们不会仅仅写描述的文章或说明文，他们的材料中更应该包含数据。

（三）指向精彩成果诞生的评论和迭代

　　成果要能经得起他人的推敲和质疑，是经过深思熟虑的，而不是草率而粗糙的。这就需要不断地迭代，吸取不同类型的群体意见，在价值、创新性、艺术性、可视化等方面产生吸引力。诚如艺术、科学、文学、工程等任何领域的卓越成果的诞生都会经历不断的修改、反刍，甚至推倒重来，精彩的项目成果也不是一次课就能完成的，它需要经历不断的迭代和修订的过程，而这样不断完善和改进的过程，也是学生的严谨性、精益求精以及对成果中所蕴含的关键知识的深化过程。成果的形成和打磨都需要时间。在本部分"现场"展示的这个项目中，五年级学生罗梓萱的写作持续了一周左右的时间。

　　1. 引导学生自我反思和改进

　　好的成果来自学生自己主动地精益求精的意识，而这种意识可以通过更准确的反馈来加以培养和引导。举个例子，如果我们说：

　　我要将这份杭州西湖的故事地图设计得更好。

　　我将让我们组搭建的桥梁更加坚固。

　　意义并不是很大，什么是"设计得更好"呢？什么是"更加坚固"呢？但是，如果我们说：

　　我要将这个民间故事的情节讲得再曲折一些，让故事和地图中的名称更匹配。

我将增加桥墩的数量或用增加吊索的方式来增强桥的稳固性。

这种反馈就更有改进意义。当学生理解了这一点，他们可以用类似的方法形成自己的成果改进表（见表 4-29）。

表 4-29　工具 28：成果改进表

成果中存在的问题	可以改进的具体建议	可以寻求的资源与样例

2. 引导学生寻找伟大作品/专业资源

精彩成果的诞生需要学生在这个领域见多识广，当他见到了人类历史上的伟大作品，当他有了更大的格局和视野，就更有可能产生精彩的成果。

这个原理就类似于林黛玉教香菱写诗，需要有好的示范和输入才能有好的输出：

"……我这里有《王摩诘全集》，你且把他的五言律一百首细心揣摩透熟了，然后再读一百二十首老杜的七言律，次之再李青莲的七言绝句读一二百首。肚子里先有了这三个人做了底子，然后再把陶渊明、应、刘、谢、阮、庾、鲍等人的一看，你又是这样一个极聪敏伶俐的人，不用一年工夫，不愁不是诗翁了！"（曹雪芹 等，2003）

同理，比如在抗击新冠肺炎疫情的项目中，如果要求学生写一篇科普文，那么，我们就需要引导学生阅读更高质量的科普文章，并运用深度阅读的方法对这些科普文进行分析，从而帮助学生提炼出写作的策略和方法，进而转化到项目成果的运用中。

同样，我们也可以运用一些工具（如表 4-30 所示）来引导学生寻找经典的样例，并在同学之间进行相互分享。

表 4-30　工具 29：伟大作品 / 专业资源参照表

写出在这个项目中你能找到的伟大的作品，并向你的同伴说明你从这些伟大的作品中得到的启发。	
项目名称：	
伟大作品 / 专业资源 1（名称 / 作者 / 简介）	我从中得到的启发是：
伟大作品 / 专业资源 2（名称 / 作者 / 简介）	我从中得到的启发是：
伟大作品 / 专业资源 3（名称 / 作者 / 简介）	我从中得到的启发是：

学生有时候会自己产生一些奇妙的跨学科链接，这些思维方法及其外显化对其他学生也很有价值。上述"现场"中的这位同学并没有看到研究报告的样例，但是她提到绘画对她的启发，以及语文课的说明文单元的链接，这些促进了她的思考：

比例估算方案是我从学画画中得到的。在画画的时候如果要画一个人物，你首先要量的就是他的头和身体之间的比例，这样才能确定你画的人物的大小。在比例估算方案中，我们是把李天豪的身高和旗杆高度的比例给算出来，这就是从画画中得到的启示。这学期的语文书暂时还没有学到跟量旗杆高度这篇文章同一个类型的说明文，所以我当时也就不知道如何去写这种说明文。不过，上学期倒是专门有一个单元是关于说明文的，就是太阳、松鼠那个单元，单元总结里有一篇作文叫《风向带的制作》，老师还给我们拓展了一篇作文，就是如何制作树叶书签，从这两篇作文中我知道了，开头应该要写得少一点，经过写得越细致越好。我还从中知道了，如果动词特别多，一个句子特别长不太好理解的话，我们可以加上"先把""再把""接着""最后"这些词语让句子变得更通顺。

要注意的是，给学生看的样例不要变成对学生的束缚，给学生的样例要有足够的多样性、创新性。而且这些学生成果教师们都可以留着，成为下一次项目学习的资源。

3. 引导多方群体对成果进行评论

精彩成果的诞生也来自同伴或成人的评论。测量旗杆高度这份报告学生一共修改了三次，家长、教师、同学都提出了建议：

第一次是当时写完报告以后，我把它仔细阅读了一遍，然后修改了一下，大概是修改里面的字词句不通顺的地方；第二次，我把已经修改完一遍的报告给我的爸爸妈妈看，他们提出了修改意见；第三次，我又把这篇文章给我的队友们和老师看，他们提了一些建议，比如说把不重要的地方删去一些，把经过再写详细一点，最后我修改完成了。

最重要的是，在这样不断地和他人互动的过程中，学生会形成对成果的更深入的理解：

在拉绳方案A、B中我改动最大，为什么呢？这是因为中间有一些短语，我当时忘了应该用什么词语去描述它，于是我就用了很长一段话去形容，比如说在拉绳方案B中的第一行有一句话是"他的两只手之间的距离大约是20厘米"。我以前是这么写的："他的上面一只手到下面一只手之间的距离大约是20厘米"，别人看了就不明白，于是我就想出了一个词去形容它。

教师需要引导和支持的是同伴之间的相互评论。如下的两份同伴评论表可以供大家参考。第一份（见表4-31）是引导学生吸纳来自不同群体的多元意见。

表4-31　工具30：同伴评论

在你的成果完成后，先检查反思你的成果，在自己尽力修改好成果后，和你的同伴分享你的成果，邀请他对你的成果进行评论吧！	
项目名称：	我的评论伙伴：

续表

我最想被评论的地方	评论人 1 的意见	评论人 2 的意见	评论人 3 的意见
1.			
2.			
3.			
评论人提出的其他地方的意见			
评论人 1			
评论人 2			
评论人 3			

在所有的评论都结束后，我们也可以引导学生做一个整体的回顾（见表 4-32），优化整个项目，汇聚所有的观点来进行成果迭代。

表 4-32　工具 31：评论汇总和改进

我所收到的最有效的三个反馈
反馈 1：
反馈 2：
反馈 3：

续表

我根据反馈确定的三个新改进
新改进1：
新改进2：
新改进3：

（四）成果量规

成果量规，不管是教师独立设计的，还是和学生讨论形成的，都是指引学生不断改进成果的"明灯"。根据成果量规的通用性，我们区分出两种类型的成果。

1. 针对特定成果的量规

简单而言，就是只适合某个项目的量规，体现该项目独特的核心知识与能力，很难迁移到其他项目。大多数科技领域的成果量规是只针对这一项目的，比如浇花器、喂鸟器、水的净化系统、水底探测器等。

这些成果的量规需要量身定做，但是其中包含的思路是类似的。主要包含两大维度：指向成果中蕴含的核心知识或能力；指向成果的外在表现形式。然后对每一大类中所涉及的核心要素进行分析，确定每一个要素对学生而言意味着什么。这种类型的成果往往要综合考虑材料的选择、建造设计、外观，关注成果的产品价值和创造性。我们用表4-33表示如下。

表 4-33　工具 32：项目成果量规开发框架

维度		低阶	进阶	精通
成果中的核心知识或能力	核心知识 1			
	核心知识 2			
	核心知识 3			
成果的呈现样态	成果材料/要素……			
	成果结构/特征……			
	成果形式/风格……			

为了让大家更易理解，我们以"太空探索'家'"中的三维太阳系模型的成果量规（见表 4-34）为例进行介绍。

表 4-34　三维太阳系模型的成果量规

维度		低阶	进阶	精通
成果中的核心知识或能力	行星特征	分不清每个行星的特征	能分清行星的大部分特征，少部分容易混淆	能分清行星的全部特征
	行星位置和比例关系的理解	行星之间的大小比例、位置关系，大部分出现错误	行星之间的大小比例、位置关系，仅有一两个出现错误	能全部掌握行星之间的大小比例、位置关系
成果的呈现样态	制作行星的材料	选择不合适的材料，且造成大量浪费	大部分的材料选取合适，仅剩余少量材料	能够选择合适的材料，并使用全部材料建造太阳系模型
成果表现	成果体现行星的特点	没有根据行星特点建造模型，仅凭自己想象建造	能够根据行星的部分特点建造模型，但会出现偏差	能够根据行星的特点建造模型
	制作出的行星外观	模型没有美感，只是材料堆积，没有形成完整的太阳系	行星模型设计比较简单，初步形成太阳系	太阳系模型美观大方，行星位置符合真实情况

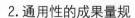

2.通用性的成果量规

这类量规适合通用性、普适性的项目成果，可以用于很多类型的项目。比如研究报告、科普文、视频制作、辩论等，在母语项目、科学项目、人文项目中都可能会涉及。

以前文的研究报告为例，如何评价研究报告，涉及研究报告的量规。研究报告的量规可以用核查清单的方式。研究报告的核查清单应该引导学生关注和经历完整的研究过程，如引导学生关注对为什么做这个研究的理解，包括提出了什么样的问题、研究计划的设计、研究的实施和报告的撰写等。在此，我们呈现研究报告核查清单的前两个部分（见表 4-35）。

表 4-35　工具 33：研究报告的核查清单（部分）

研究背景：	
1.这个问题是否值得研究？	（　　）
2.为什么会对这个问题感兴趣？	（　　）
3.你的陈述会让其他人也对这个问题感兴趣吗？	（　　）
4.你是否运用了一些新闻、数据、图片等突出对这个问题研究价值的描述？	（　　）
研究问题：	
1.是否清晰？	（　　）
2.别人是否理解？	（　　）
3.是否将大问题分解成了小问题？	（　　）
4.问题的逻辑性清晰吗？	（　　）

通过这样的评估设计，让学生理解，真正的研究报告不是闭门造车，一个好的研究报告的基础是做一个好的研究。为此，我们提出了超越报告本身的核查清单，在实践中我们发现这样可以让学生的研究意识和过程更加明确。

六、出项与复盘

出项是项目中的"高光时刻"，但是出项课就是让学生展示一下自己的成果吗？怎样的出项才会让学生和参观者都能获得成长？下面我们先来看同济大学附属实验小学师生们的"智造小农家"的出项。

现场："智造小农家"的出项[①]

项目描述："智造小农家"是学校有效利用自身环境，为四年级学生提供菜园让他们进行种植，联动社区群众，为学生提供真实的社区需求，并让学生经历自己寻找买家、出售订单、签订合约、种植蔬菜、创意包装和交付汇报等过程的一个项目。今天这节课是交付汇报的成果展示会。

上课地点在学校大礼堂。在走进礼堂的过程中，你可以看到两边有每个小组关于项目每个阶段的展示，这可以让参观者清晰地看到每个小组在整个项目过程中都做了些什么。参加出项的人员很多样，除了学校的师生，还有学生家长和社区来买菜的人员。由于这个项目前期学生的一部分活动是在社区开展的，那么在出项时邀请社区人员一起参加，会让学生增加真实感，也会让学生认为这个项目很有意义，自己种植的产品是有价值的。

展示会一开始，先是由本项目的负责教师为大家快速介绍整个项目的由来。然后就是学生的交付汇报，此次出项共有四个小组。限于篇幅，我们重点介绍一个小组的出项。最后一组学生种植的是绿豆，他们的汇报思路非常清晰，并且融入了很多数学思考。

根据"先卖后种"的新模式，社区里 1kg 绿豆芽的订单需求需要多少绿豆？要回答这个问题，学生考虑到了单位的换算，这同时需要考虑绿豆的种植量、绿豆需求量、产出率（1kg 绿豆可产出 4.5kg 绿豆芽）和订单需

[①] 案例来自同济大学附属实验小学，项目设计者为同济大学附属实验小学的黄诗韵老师，出项现场描述者：刘潇、夏雪梅。关于这一项目的整体描述可以参看本书第Ⅲ部分第三节的探索 3。

求量的关系，根据现实中可能会遇到的产量不高的情况，还运用估算的方法对计算结果进行了调节。

学生接着汇报了自己的资金预算，涉及绿豆、遮光布、发豆芽容器等材料费，甚至其中会用到的水也加入进去了，得出了启动基金为11元。

序号	项目名称	单位	数量	单价	金额
1	绿豆	kg	0.9	12元/kg	10.8元
2	遮光布	m²	0.6	自备	0
3	水	m³	0.02	6元/m³	0.12元
4	发豆芽容器	个	6	自备	0

综上所述，本项目拟申请启动基金11元。

学生接着汇报了他们用图和表等不同形式来记录和分析整个种植过程中的数学问题。

日期	D1	D2	D3	D4	D5	D6	D7
温度	16℃—22℃	14℃—21℃	16℃—20℃	13℃—19℃	12℃—18℃	9℃—17℃	10℃—18℃
豆芽高度	0cm	0cm	0.3cm	1cm	2.5cm	5cm	10cm

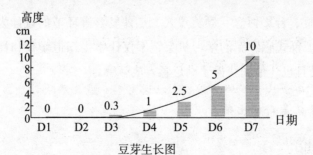

豆芽生长图

最后，小组对比了实际的产量与预期的产量，实际的开支、利润与预期的开支、利润的差异。

> 实际上我们用了 900g 绿豆（重量），培育出了 1350g 豆芽（重量）。
>
> 那么每千克绿豆可以培育出 1500g 豆芽。
>
> 我们查到的是每千克绿豆可以培育出 4.5kg 豆芽，与我们的实际产量不符。

> 在整个过程中我们买绿豆用了 10.92 元，用水花了 0.12 元，出售豆芽的总金额是 27 元，利润是 15.96 元。与我们的预算基本相符合。

在每个小组介绍完之后，会有专家代表、学校代表和社区代表给小组打分。教师们记录分数，并根据分数填写奖状。

在教师们统计分数的时候，进入了现场交货仪式，刚刚展示的四个小组分别上台，与他们之前签订协议的买家进行现场交货，并合影留念。

等到所有学生都将种植的产品交付给买家之后，就进入了颁奖仪式。教师根据分数以及学生在展示时的表现，请专家为每个小组的学生颁发奖状。

颁奖仪式结束后，进入了点评发言环节。项目化学习的出项课，除了展示，最重要的是多元主体的评价。教师分别请专家、买家代表和家长代表对整个项目和每个小组的展示进行点评。这种多元主体的评价能够让学生了解不同主体对他们成果的点评，同时也能根据建议进行修改，对他们之后的成果展示也很有帮助。

现场交货、合影留念、颁奖仪式、点评发言等环节的设计为学生的项目化学习增添了仪式感和新的学习机会，不仅让学生知道学校和社区都很重视这个项目，而且也让他们获得了满足感、成就感。

（一）什么是好的出项？

什么是出项？

简言之，出项就是将自己或团队在问题解决中最有价值的内容用某种令人印象深刻的方式展示给公众。出项后一般还会伴随对整个项目的反思和复盘。

出项代表整个项目的高潮，是收获的时节，所以很多教师会将出项课当作整个项目的代表课来展示。很多教师认为，只有出项课才能代表项目，观课教师通过出项课才能从产品中知道项目是做什么的，才能体现项目的价值。这个观点有一定的道理，但是在一些出项中，为什么观者感受不到项目的价值，反而会有"做秀""走过场"的感觉呢？

出项的核心在于做一个真正意义上的促进学习的展示会。如果要达到这个目的，教师在做出项设计时需要遵循这样几个原则。

1.出项是学生的，也是为学生的

出项的主体是学生。出项对学生而言是一个"高光时刻"，他们所有的努力和成果都在出项中得到了集中体现，所以出项应该让所有学生有参与和实践的机会。

这个原则看上去容易，但在现实中往往会变成为展示而展示，教师或家长包办代替的展示，只选择表现最好的组，只呈现最有把握的部分，完全由教师策划出项等。出项是所有参与学生的出项，应该成为所有学生共同的庆祝，要让每一个学生或小组都有机会展示自己的成果，而且要让学生在项目开始前就知道每个人都需要出项。可以采用逐级出项的方式，比如先班级出项，然后再年级出项，最后再全校出项。但是，在可能的情况下，应该尽可能地在最重要的出项中让所有的学生都参加。

2.出项不仅要展示成果，更要反映参与者的成长

出项要能体现出学生能力的发展，证明个人和团队的成长。出项是一个综合、多元地展现学生在各方面成长的机会，面对各类群体的公开出项，学生个体要调动全方位的能力：口才、表现力、勇气、协作能力、积极思维能力、现场操作能力、媒体演示能力、随机应变能力等，同时也反映一个团队的凝聚力、相互沟通与协作、团队决策与协商。

要让出项反映成长，就要让学生不仅展现结果，也要展现问题解决的过程；不仅展现固化的成果，还要让学生进行解释，有机会说明自己观点或能力的前后变化。此外，研究过程中有价值的发现、解决问题的过程、团队合作中大家认为最有收获的感触，也都是可以在出项中展示的。

3.出项要给学生发自内心的激励和仪式感

出项在某种意义上也是一种成长的仪式。如果项目中的问题是一个有挑战性的问题，由学生自己和团队解决，出项应该成为对他们的奖赏。因为智力的投入和汇报表现，学生获得了来自同伴和成人的认可，所以出项一般都带有强烈的仪式感。仪式感来自同伴、父母、师长、社区人员、专家等各方群体的出席、庆祝、认可，也来自对其中卓越的成果和重要技能的嘉奖与认可。不同类型、规模的出项参与人员能给学生带来不同的仪式感。

4.出项要让学生有和真实世界对话、反思的机会

出项还是促进学生进一步思考的机会。这是学校和教师提供给学生的与真实的外部人员对话的机会，听听社区管理者的困境与思考，听听生物学家对解决生态污染问题的建议，听听企业家在面对小组开发出的科创或文创产品时的建议，听听真正的作家讲如何选择材料，等等。所以，好的出项不仅仅是参观，还要能让专家、公众与学生对话。这些对话能促进学生对他们的项目过程和成果的再思考。这对参与出项的群体也有使命和责任的要求。

（二）出项的受众与类型

出项的策划与成果一样可以从项目设计时就开始，以终为始。学校和教师如何进行出项的策划和实施？我们用一个案例①来呈现总体思路。

璀璨六月，上海市民办协和双语尚音学校三年级的小朋友们为全校师生带来了一场"环保时装秀"。这是他们的儿童节派对，也是本学期项目化学习"拯救世界"的出项活动，更是他们发出的环保倡议。

通过这场时装秀，小朋友们呈现了学到的关于环境和物质的知识，提升了依据特定情境和条件制定活动方案、动手操作和团队协作的技能，加深了对不同物质具有不同性质和作用的理解，也向更多人普及了垃圾分类的常识，倡导了科学环保、可持续发展的理念。这样的出项活动是整个项目的庆典，更是一次成果宣传和效应扩散的机会。

---

① 案例内容来自"预见学习"公众号：易菀兰.PBL案例：做好出项活动的设计，回顾经过也看见结果.2019-07-11.

　　三年级组教师们从设计该项目开始，就预设了出项时会进行"环保时装秀"。他们先问自己"为什么要用这种形式？想让观众看到什么？怎样才能呈现出一场理想的秀"，然后以倒推的方式设计每一个子项目并建立各个子项目之间的联系，随后设定学生在解决问题、构建产品、项目任务完成时呈现的路径和需要的知识及能力支撑。按照这种思路设计的项目，每个环节都符合逻辑，且每一个子项目的完成都将成为最终成果的有效支撑。

　　以终为始的出项策划能够让教师倒推整个过程，更好地建立核心知识与出项活动之间的关系。

　　1. 出项受众对象和项目的匹配程度

　　出项受众对象的不同可能引发学生的不同表现和心理感受。如果目标受众更有针对性、真实性和有更广的范围，那么学生的学习动机就会更高。随着受众对象从一个班级中的教师、同学逐步扩大到社区人员、专家，学生完成项目的动机和参与感也会相应地提升。

　　在网络时代，通过网页、公众号、短视频等方式，学生可以有更多的载体对不同类型的人员发布、展示他们的想法，从而使他们的产品能够轻松地被更广泛的受众看到。

　　从项目的主题与受众的匹配度来看，每一次项目化学习都应聚焦于某个特定的主题，所以与之对应的出项活动的"观众"也可以是特定的，与主题契合。如果项目主题是设计一所新学校，可邀请校长、建筑工程师来参加"设计发布会"；如果项目主题是推广某个产品，可以邀请营销、广告宣传等领域的人来参加"推介会"；如果项目主题是关于垃圾分类，邀请环卫工人或是环保局的工作人员来参加出项活动也很有意义。

　　2. 常见的出项类型

　　出项并不仅仅是汇报 PPT。多元创新的出项事件才能让学生有仪式感，让学生印象深刻，促进他们反思成长。出项事件是非常多样的：诗歌之夜、主题博物馆、比赛、主题秀、画廊漫步（picture walk）等。表 4-36 是我们罗列出的上海市民办协和双语尚音学校在一年中的出项事件的类型，不仅出项类型是多样化的，同样我们也看到了空间利用的多样性，走廊、教室、报告厅，甚至整个校园都可以成为出项的场所。

表 4-36　多元创新的出项事件

项目名称	出项事件	受众	场地需求
古埃及	创建主题博物馆	• 外校参访人员 • 全校师生	• 教室 • 走廊
• 一个更好的社区 • 我喜爱的餐厅 • 恐龙	制作海报及模型	• 社区居民 • 餐厅老板 • 餐厅服务员 • 食客 • 年级同学 • 美术老师	• 教室 • 报告厅
• 人体构造 • 海洋污染 • 理想家园	制作 PPT 及录制视频	• 医生 • 环保局工作人员 • 年级同学 • 信息技术老师 • 感兴趣的任何人	• 教室 • 报告厅
• 不同的材料 • 不同的力 • 人的感官	举办比赛	• 科技总指导 • 劳技老师 • 物理老师 • 年级同学	• 教室 • 操场
• 蚊子 • 植物的一生	制作产品并实测效果	• 化学老师 • 生物老师 • 其他感兴趣的师生	• 教室 • 校园
• 红丝带 • 动植物保护	主题宣传日	• 生物老师 • 自然老师 • 卫生室老师 • 其他感兴趣的师生	校园
一次理想的家庭旅行	制作主题手册	• 地理老师 • 年级同学	教室

续表

项目名称	出项事件	受众	场地需求
• 节水 • 均衡饮食	调查报告	• 校长 • 各部主任 • 食堂经理 • 其他感兴趣的师生	• 教室 • 报告厅
我是谁	创设一场情景剧	• 艺术总指导 • 音乐老师 • 英语老师 • 其他感兴趣的师生	音乐厅
栖息地	制作微景观	• 美术老师 • 年级师生	教室
太空探索	制作 3D 时间轴	• 美术老师 • 年级同学	走廊
拯救地球	主题秀	• 模特指导 • 服装设计师 • 美术老师 • 其他感兴趣的师生	音乐厅

　　如下我们简要阐述展览这种最常见的出项方式。展览可用于科学类、人文类、母语探究、数学等几乎各个领域的项目化学习中，比如人物展、口罩展、火山模型展、未来校园展等。展览可以是在走廊、楼道举办的小型展览，也可以是在体育馆、报告厅举办的大型展览；可以是静态的展览，将自己要说的话等配合视频事先录制好，也可以是动态的展览，由小组进行现场实时讲解或演说配合展览。在出项中，一般是用动态的展览。在策划展览时，可以考虑如下问题，见表4-37。

表 4-37　工具 34：展览策划一览表

展览的目的和主题：

1. 举办展览的目的是什么？

2. 展览的主题是什么？

展览的受众：

3. 你们想邀请谁作为评估会的"观众"？

4. 你们打算怎样邀请他们？

5. 如何让他们愿意接受你们的邀请？

6. 你们希望他们在展览上做些什么？

展览的内容和形式：

7. 你们想要在展览上呈现什么？

8. 展览的地点在哪里？

9. 你们打算采用怎样的形式来吸引受众？

展览的准备：

10. 举办一场这样的展览需要做什么准备工作？

11. 进行展览现场布置需要准备什么材料？

12. 你们如何分工筹备展览？

13. 展览筹备的各项重要事件的时间节点是什么？

14. 是否会产生费用？如何申请并获得相关经费？

展览现场的分工：

15. 你和小伙伴们打算在展览上做什么？

16. 现场如何分工？

17. 对展览现场各种可能的突发状况做了怎样的预案？

展览成为学习的历程：

18. 如何设计项目评估表？

19. 如何听取并记录他人的意见？

20. 评估会结束后，你们将如何对自己的项目进行反思和改进？

在实际策划展览前，让学生去看一下真实的展览是很有必要的。在我们一所项目学校的"人物展"出项期间，正好上海在举办"维克多·雨果：天才的内心"展览，其中人物的大事记、人物的社会关系呈现、雨果家的模型复制和色彩的运用等都让学生对人物展有了新的理解和启发。

（三）出项中各方主要的角色

一个好的出项离不开所有人的支持，包括作为支持者的学校管理团队、具体负责项目的教师、作为出项组织者的学生以及各类参观者。在此我们主要分析出项中各方主要的角色。

1.作为出项组织者的学生

学生在出项中主要有两类不同的角色，他们可以是出项的组织者，也可能是倾听者和参观者。

出项一般采用项目团队组合的形式。在康健外国语实验小学的"第一届中国历史名人展"中，有32个小组出项，每个小组的出项形式都与众不同：有精彩的课本剧片段，有皮影戏，有绘本，有故事讲解，还有配音故事等。不管形式如何多样，始终扣住如何用关键的事件来凸显名人的品质。除此之外，学生还考虑到了如何吸引他人更多地停留在自己的小组，设置诸如有奖问答等活动，增强和观众的互动性。

作为组织者的学生需要预估一些重要的问题，团队内部要有相关的讨论，达成一定的共识，以备观众的提问。在出项现场，要做好关键的记录。出项现场记录表参见表4-38。

表4-38　工具35：出项现场记录

项目名称：	团队成员：	记录时间：
现场提问	我们的回答	我们的思考与改进
1.		
2.		
3.		
4.		
……		

学生还要认识到，出项也是向其他组学习的机会，可以组织组员轮流去其他小组参观，看看他们做得怎样，可以从中学到什么。

2．作为出项参观者的学生

作为参观者的学生，会收到出项的邀请。可能是学校发布的通知、同学自己手绘打印的邀请函，也可能是一张门票。那么，怎样才能将参观变成学习机会呢？教师可以用简短的前课—中课—后课的方式来对学生进行引导。

在简短的前课中，学生可以了解项目的基本情况，列出想了解的问题。在中课即参观中，鼓励学生多和出项的小组互动交流，询问自己感兴趣的问题，用便利贴及时写上自己认同的地方、有疑惑的地方、有建议的地方。也可以给学生一份评估表，让他们对照评估表给出自己的建议。在出项结束后，也可组织后课，让学生进行交流，反思这个展览带来的收获是什么。表4-39列出了出项参观的注意清单。

表4-39　工具36：出项参观的注意清单

• 我了解这个项目的主要问题吗？
• 我了解了解决这个问题的几种思路和方法？
• 我最欣赏哪个小组的解决方案，为什么？
• 我最感兴趣的问题是？
• 我认为今天自己点评分析最到位的一组是？
• 我可以向哪个小组学习？为什么？
• 我觉得哪个小组出现的问题是我需要注意的？为什么？

随着参观出项次数的增加，学生也可以自主以团队的方式进行自己的前课和后课设计，而如果学生本身也在做类似的项目，去参观别人的出项就会更有针对性。

3．出项中的教师

教师在出项中主要承担支持者、组织者、庆祝者、共同前行者的角色。教师引导学生尽可能自主地、合作地进行出项的活动；教师可以提供相应的空间，如墙壁、走廊等来让学生展现项目的进程和成果；教师可以将整个项目化学习过程中的支架做成活页的项目化学习手册，引导学生将手册中的关键内容用适当的形式展现出来；教师可以积累出项中学生遇到的问题，用一些时间和学生进行集体讨论，引导学生思考如何运用问题意识、资源意识，在自己力所能及的范围内尽可能便捷地解决问题；教师可以组织学生的出项活动的预演，引导学生回顾项目目标、驱动性问题、成果和成果量规，评估每一小组出项的适切性和创造性。

与项目主题相关的教师事实上是作为"专业观众"，他们可以在出项中追问学生成果，关注为什么是这样、如果不是会怎样、如何推论等规律性、探究性、意义性的问题，可以追问与反思项目背后更深层次的核心知识，考查学生只是机械地背诵了一些演说词，还是真正理解了某个概念。表4-40 的提问指南供教师们参考。

表4-40　工具37：提问指南（专业版）

• 为什么想到要做这个项目？
• 你们是如何收集信息的？怎么判断这些信息的来源是可靠的？
• 这个问题的解决为什么要用这种方法？有没有更简便或准确的方法？
• 为了解决这个问题，你们参考了哪些领域的哪些文章？
• 能不能解释一下你们用的这些概念或方法？
• 如果不采用这种方法，还可以怎么做？
• 通过这些信息一定可以得到这个结论吗？

比如在"种子将会变成什么"这个项目中，学生可能会说通过种植和观察，发现绿豆种子会长成绿豆芽，黄豆种子长成了黄豆芽，他们可能还会呈现一系列的观察日记。这时候，"专业观众"就可以追问学生：种子为什么会变成这样呢？你可以解释其中的道理吗？有些学生有思考，在项目中阅读了有关种子生长的书籍，或者和科学课中植物生长条件的内容关联起来，形成了自己的理解；如果有些学生没有思考，教师的追问也可以在他们的内心投下一颗新的小石子，荡出新的涟漪。

4. 出项中的外部参观者

出项中的外部参观者有校长、教师、家长、社区人员、专家等。从专业性来看，其实主要是两大类：

一类观众主要是来看看学生，看看学校活动，给学生加油鼓劲，大多数家长是带着这样的心态来的；另一类观众具有一定的专业性，他们本身也是研究或身处这个领域，比如上文的"智造小农家"项目，就涉及种菜、买卖、数学等内容，那么农业生产、销售等相关领域的人都具有专业性，也会对学生的项目过程和成果有发言权，他们本身就是学生很重要的学习资源。

为此，对上述不同类型的参观者，我们可以让他们自己领取相应的表格，一类是供对项目感兴趣的参观者使用的大众版表格（见表4-41），一类是供和这个项目所涉及的主题有关可以对学生提供交流建议的参观者使用的专业版表格，后一类表格可以参考前一页教师作为专业人员的版本。

在大众版中，参观者可以关注是什么、怎么样、怎么做等问题，重点关注学生个体的专注、坚持、时间管理、合作等通用能力。

表4-41　工具38：提问指南（大众版）

- 请介绍一下你的这个项目。
- 你们在项目过程中遇到过哪些问题？
- 你们争论最多的是什么？
- 你们是怎样解决这些问题的？
- 你们的项目成果有什么与众不同的地方？
- 你们用了多长时间完成这个项目？
- 你们是如何分工的？
- 你在项目中收获最多的是什么？
- 未来你们对这个项目还有什么设想吗？

（四）出项后的复盘与反思

出项后需要对项目进行整体的复盘。复盘可以反思和迭代项目，吸取经验再成长。那么，怎样的复盘才是有价值的呢？

复盘可以遵循一定的思路和框架。表4-42提供了从不同的维度进行复盘的分析框架，学校可以从中选择适合本项目的条目进行讨论，尤其是关于项目的性价比问题，在中国教育情境下是需要探讨的。

表4-42　工具39：项目总体复盘分析框架

项目设计	复盘问题
项目总体思路	对项目的总体设计有什么看法？
学生在项目中的投入度	• 该项目期间学生的参与度怎样？ • 项目设计或实施中的哪些关键方面有助于学生参与度的提高？

续表

项目设计	复盘问题
学生学习的总体结果	• 学生在多大程度上实现了目标？ • 项目设计或实施的哪些关键方面有助于提升学生学习的总体结果？
项目的真实性和价值	• 项目是否专注于真实世界中的问题？ • 项目对其他人有用吗？它满足真实需求吗？ • 学生是否向家人或课堂老师以外的听众介绍过该项目？ • 学生是否要考虑关于问题的多种观点？ • 是否邀请学校外的专家帮助学生完善工作？
项目的一致性和性价比	• 驱动性问题和项目目标、项目成果之间是否一致？ • 整个项目中使用了哪些策略？ • 有哪些证据可以表明项目所花费的时间获得了比原有的教学更好的效果？

我们也可以从项目实施过程这一维度进行复盘，探讨从入项到出项整个过程的质量。关于这部分内容，我们将在后续有关项目化学习评价的书中进行具体阐述。在此，我们只呈现学校的部分探索。以上海市黄浦区第一中心小学为例，他们在 PBL 周后进行了校长和教师层面的复盘。

第一次 PBL 周反思提纲 ①

教师层面

1. 本次设计的驱动性任务，价值体现在哪里？如何更好地达成"是有真实意义的"这个任务设计的总目标？

2. 本次设计中，任务链是如何层层解锁的？在综合学习中如何运用好学科知识？细节上怎么更好地处理？能否举例？

3. 本次设计中配套的表现性评价有几次？分别指向了什么评价维度或内容？预设的作用最终发挥出来了吗？

4. 今天的学习成果发布，是对三个下午集中综合学习过程的复盘。从实际情况看，现场呈现是否指向了本次的任务主干，包括核心知识、经验、技能等，而非停留在学习方式、组织形式与配套资源的新奇有趣上？

---

① 本部分内容由上海市黄浦区第一中心小学张烨校长提供。

校长层面

1.如何把一次"让教师带领学生开展 PBL 学习"的过程，巧妙设计成一次面向教师专业成长、以 PBL 为研修主题、以 PBL 为研修方式的情境式校本培训？

2.学习素养项目研究进入到第二轮，管理者如何从关注内容转向关注机制层面的设计？

当复盘结束，这一轮项目就进入了真正的尾声。如果这是一个有价值的项目，可以在来年进行新的迭代，逐渐增加项目对不同类型学生的适应性。这一轮项目中未竟的大概念或核心知识也可以在下一个项目中得到进一步的探讨。

项目是如此周而复始、循环上升，人的学习何尝不是如此……

项目化学习的实施：
学习素养视角下的中国建构

参 考 文 献

珀金斯，2015.为未知而教，为未来而学[M].杨彦捷，译.杭州：浙江人民出版社：3.

波特，1930.现代教育学说[M].孟宪承，译.上海：商务印书馆：96-97.

曹亚玲，2020.美国小学母语写作教材中的写作学习支架研究[D].上海：上海师范大学：6-9.

曹雪芹，高鹗，2003.红楼梦：插图本[M].上海：上海古籍出版社：333.

陈竞蓉，2017.陶行知与克伯屈[J].河北师范大学学报（教育科学版），19（1）：33-38.

陈琼，2010.中美公立中小学教师聘任制比较研究[D].长沙：湖南师范大学：27-29.

董远骞，施毓英，1991.俞子夷教育论著选[C].北京：人民教育出版社.

傅冰，2005.从中美教育比较的视角看如何培养学生的创造力[J].思想·理论·教育（20）：51-54.

哈伦，2011.科学教育的原则和大概念[J].中国科技教育（4）：10-13.

康玥媛，2016.内容分布与认知要求双重视角下数学课程标准比较研究：基于"中国""美国""新加坡"小学初中学段之比较[J].数学教育学报，25（6）：27-31.

克伯屈，1927.教育方法原论[M].孟宪承，俞庆棠，译.上海：商务印书馆：507.

拉尔默，2018.PBL项目学习：初学者入门[M].董艳，译.北京：光明日报出版社：90.

李春密，赵芸赫，2017.STEM相关学科课程整合模式国际比较研究[J].比较教育研究（5）：11-18.

林崇德，胡卫平，2012.创造性人才的成长规律和培养模式[J].北京师范大学学报（社会科学版）（1）：36-42.

刘华，2014.美国基础教育阶段的跨学科读写教学及其启示[J].课程·教材·教法，34（4）：114-119.

刘红，刘君，2008.新加坡专题作业评价：兼谈对我国综合素质评价的启示[J].人民教育

（13-14）：63-64.

刘小强，2011.中美中小学新教师录用比较研究[D].重庆：西南大学：17-23.

马娜，2017.PISA测试：新加坡学生协作解决问题能力最强[J].世界教育信息，30（24）：
　　76-77.

麦克·扬，张建珍，许甜，2017.从"有权者的知识"到"强有力的知识"：麦克·扬与
　　张建珍、许甜关于课程知识观转型的对话[J].华东师范大学学报（教育科学版），35
　　（2）：99-105.

瞿葆奎，丁证霖，1985."设计教学法"在中国[J].教育研究与实验（3）：72-84.

沈百英，1923.参观南高附小杜威院维城院记略（附表）[J].教育杂志（11）：1-14.

沈奕辰，2017.美国小学的跨学科写作教学[J].基础教育参考（15）：6-9.

师曼，周平艳，陈有义，等，2016.新加坡21世纪素养教育的学校实践[J].人民教育
　　（20）：68-74.

孙崇勇，李淑莲，张文霞，2016.创造性4C认知量表（PC4CS）中文版的信、效度检验[J].
　　中国健康心理学杂志，24（7）：1046-1050.

塔克，2013. 超越上海：美国应该如何建设世界顶尖的教育系统[M]. 柯政，主译. 上海：华
　　东师范大学出版社.

陶行知，1947.行知诗歌集[M].2版.上海：大孚出版公司.

吴洪成，彭泽平，1998.设计教学法在近代中国的实验[J].高等师范教育研究（6）：68-75.

夏雪梅，2018.项目化学习设计：学习素养视角下的国际与本土实践[M].北京：教育科学出
　　版社：96.

夏雪梅，2019.在传统课堂中进行指向高阶思维和社会性发展的话语变革[J].华东师范大学
　　学报（教育科学版）（5）：105-114.

熊明安，周洪宇，2001. 中国近现代教育实验史[M]. 济南：山东教育出版社：112.

徐春妹，2007.克伯屈设计教学法对我国综合实践活动课程实施的借鉴与启示[J].太原大学
　　教育学院学报（2）：29-31.

闫寒冰，王巍，2020.跨学科整合视角下国内外STEM课程质量比较与优化[J].现代远程教育
　　研究，32（2）：39-47.

杨燕楠，2017.中国和新加坡中小学教师聘任制度比较研究[D].南宁：广西民族大学：21.

杨毅华，2017.初中英语教师课堂安全感研究[D].福州：福建师范大学：5.

俞子夷，1927.一个乡村小学教员的日记·郑晓沧序（上册）[M].上海：商务印书馆：4.

臧莺，2012.创造力是中国学生的"短板"：时报专访国际著名数学家丘成桐[J].基础教育
　　论坛（8）：37-38.

翟小铭，郭玉英，李敏，2015.构建学习进阶：本质问题与教学实践策略[J].教育科学
（2）：47-51.

张华，2006.论"设计本位学习"[J].教育发展研究（23）：1-7.

张建伟，孙燕青，2006. 从"做中学"到建构主义：探究学习的理论轨迹[J]. 教育理论与
实践（7）：35-39.

张建伟，2008.从"做中学"到建构主义：探究学习理论的轨迹与整合[M]//高文，徐斌艳，
吴刚.建构主义教育研究.北京：教育科学出版社：94-109.

张瑾，2017. STEM+教育中学习支架设计研究[J].现代教育技术，27（10）：100-105.

张锡昌，1924.东南大学附属小学低年级教学参观报告[J].中华教育界（5）：1-11.

赵光敏，2007.美国中小学教材的出版与选用[J].上海教育科研（10）：59-61.

赵勇，2014.就业？创业？：从美国教改的迷失看世界教育的趋势[M].北京：教育科学出
版社.

郑燕，2017.克伯屈设计教学法研究[D].杭州：杭州师范大学：3.

中央大学实验小学校，1929.一个小学十年努力纪[M].上海：中华书局：9-10.

朱小虎，2016.基于PISA的学生问题解决能力研究[D].上海：华东师范大学国际与比较教育
研究所：6-7.

Barbot B，Heuser B，2017.Creativity and Identity Formation in Adolescence： A Developmental
Perspective[M]//Barbot B，Heuser B.Creative Self.Salt Lake City：Academic Press：87-98.

Beghetto R A，Kaufman J C，2007.Toward a Broader Conception of Creativity： A Case for
Mini-c Creativity[J]. Psychology of Aesthetics Creativity and the Arts，1（2）：73-79.

Chisholm L，2005.Bridges for Recognition Cheat Sheet：Proceedings for the SALTO Bridges
for Recognition：Promoting Recognition of Youth Work Across Europe[R].SALTO-Youth
Inclusion Resource Center：3-12.

Common Core State Standards Initiative，2010. Common Core State Standards for
Mathematics[S].Washington，D.C.：1-55.

Damon W，Phelps E，1989.Critical Distinctions Among Three Approaches to Peer Education[J].
International Journal of Educational Research，13：9-19.

Fulmer G W，Tanas J，Weiss K A，2018.The Challenges of Alignment for the Next Generation
Science Standards[J].Journal of Research in Science Teaching，55（7）：1076-1100.

Geary D C，2006.The Origin of Mind：Evolution of Brain，Cognition and General
Intelligence[J].Genes Brain and Behavior（1）.

Geary D C，2002.Principles of Evolutionary Educational Psychology[J].Learning and Individual

Differences，12（4）：317–345.

Guilford J P，1967.Creativity：Yesterday，Today and Tomorrow[J].Journal of Creative Behavior，1（1）：3–14.

Hardiman P T，Pollatsek A，Well A，1986.Learning to Understand the Balance Beam[J]. Cognition and Instruction，3（1）：63–86.

Hiebert J，Carpenter T P，1992.Learning and Teaching with Understanding[J].Handbook of Research on Mathematics Teaching and Learning [M].Edited by Douglas A.Grouws.New York：Macmillan：65–97.

Hmelo-Silver C E，Duncan R G，Chinn C A，2007.Scaffolding and Achievement in Problem-Based and Inquiry Learning：A Response to Kirschner，Sweller，and Clark（2006）[J]. Educational Psychologist，42（2）：99–107.

Hung W，2015.Cultivating Creative Problem Solvers：The PBL Style[J]. Asia Pacific Education Review（16）：237–246.

Jacobson M J，Kim B，Pathak S，Zhang B H，2013.To Guide or Not to Guide：Issues in the Sequencing of Pedagogical Structure in Computational Model-Based Learning[J].Interactive Learning Environments，23（6）：1–16.

Kapur M，2008. Productive Failure[J].Cognition and Instruction，26（3）：379–424.

Kapur M，2012. Productive Failure in Learning the Concept of Variance[J]. Instructional Science，40：651–672.

Kapur M，Bielaczyc K，2012.Designing for Productive Failure[J]. Journal of the Learning Sciences，21（1）：45–83.

Kapur M，2015.The Preparatory Effects of Problem Solving Versus Problem Posing on Learning from Instruction [J].Learning and Instruction，39：23–31.

Kilpatrick W，1930.Our Educational Task：As Illustrated in the Changing South[M].Chapel Hill：University of North Carolina Press：101.

Kirschner P A，Sweller J，Clark R E，2006.Why Minimal Guidance During Instruction Does Not Work：An Analysis of the Failure of Constructivist，Discovery，Problem-Based，Experiential，and Inquiry-Based Teaching[J] .Educational Psychologist，41（2）：75–86.

Kolb D A，1984.Experiential Learning：Experience as the Source of Learning and Development[M].Englewood Cliffs，NJ：Prentice Hall：22–120.

Larmer J，Mergendoller J，Boss S，2015.Setting the Standard for Project Based Learning：A Proven Approach to Rigorous Classroom Instruction[M].ASCD.

Mayer R, 2004.Should There Be a Three-Strikes Rule Against Pure Discovery Learning? The Case for Guided Methods of Instruction[J].American Psychologist, 59（1）: 14–19.

Mercer N, Wegerif R, Dawes W L, 1999.Children's Talk and the Development of Reasoning in the Classroom[J].British Educational Research Journal, 25（1）: 95–111.

Ministry of Education, Singapore, 2014.Information Sheet on 21st Century Competencies [EB/OL].[2019–12–26].https: //www.moe.gov.sg/news/press–releases/information–sheet–on–21st–century–competencies.

MoE, 2019.http: //www.moe.gov.sg/projectwork/#image.

Next Generation Science Standards（NGSS）, 2013.[EB/OL].https: //www.nextgenscience.org/.

Ogle D, 1986. K-W-L: A Teaching Model that Develops Active Reading of Expository Text[J]. The Reading Teacher, 39(6): 564–570.

Patton A, 2012.Work that Matters: The Teacher's Guide to Project–Based Learning[EB/OL].[2020–10–10].https: //www.phf.org.uk/publications/work–matters–teachers–guide–project–based–learning/.

Pressley M, 1995.The Challenges of Instructional Scaffolding: The Challenges of Instruction that Supports Student Thinking[J].Learning Disabilities Research & Practice（11）: 138–146.

Rahim R A, 2013.Pedagogies for Thinking and Creativity: The Singapore Context [R]. Presentation at OECD–CCE–MOE "Educating for Innovation" Workshop : 4.

Schoenfeld A H, 2016.Solving the Problem of Powerful Instruction[R] //Csikos C, Raisch A, Szitanyi J. Proceedings of the 40th Conference of the International Group for the Psychology of Mathematics Education.Szeged, Hungary: PME: 3–18.

Schwartz D L, Bransford J D, 1998.A Time for Telling[J].Cognition and Instruction, 16（4）: 475–522.

Schwartz D L, Martin T, 2004.Inventing to Prepare for Future Learning: The Hidden Efficiency of Encouraging Original Student Production in Statistics Instruction[J].Cognition and Instruction, 22（2）: 129–184.

Shanahan C, Shanahan T, 2014.Does Disciplinary Literacy Have a Place in Elementary School?[J].The Reading Teacher, 67（8）: 636–639.

Strobel J, van Barneveld A, 2009.When Is PBL More Effective? A Meta–synthesis of Meta–analyses Comparing PBL to Conventional Classrooms[J].Interdisciplinary Journal of Problem–Based Learning, 3（1）: 44–58.

Strough J，Cheng S，2000.Dyad Gender and Friendship Differences in Shared Goals for Mutual Participation on a Collaborative Task[J].Child Study Journal，30（2）：103–126.

Sulaiman F，Coll R K，Hassan S，2014.An Investigation of the Effectiveness of PBL Online on Students' Creative Thinking：A Case Study in Malaysia[J].International Journal of Humanities and Social Studies Invention，3（8）：49–55.

Sweller J，Clark R E，Kirschner P A，2011.Teaching General Problem Solving Does Not Lead to Mathematical Skills or Knowledge[J].European Mathematical Society Newsletter（3）：41–42.

Sweller J，1988.Cognitive Load During Problem Solving：Effects on Learning[J].Cognitive Science（12）：257–285.

Van Der Linden J，Erkens G，Schmidt H，Renshaw P，2002.Cooperative Learning[M]// Simons R.J，van Der Linden J，Duffy T.New Learning.Dordrecht，The Netherlands：Kluwer：37–54.

Van Lehn K，Siler S，Murray C，2003.Why Do Only Some Events Cause Learning During Human Tutoring? [J].Cognition and Instruction，21（3）：209–249.

Vygotsky L S，1986.Thought and Language[M].Trans.A.Kozulin.Cambridge，MA：MIT Press：

Walker A，Leary H，2009.A Problem-Based Learning Meta Analysis：Differences Across Problem Types，Implementation Types，Disciplines，and Assessment Levels[J].Interdisciplinary Journal of Problem-Based Learning，3（1）：12–43.

Winnips J C，2001.Scaffolding by Design：A Model for www- based Learner Support[M].Enschede：Universiteit Twente：39.

后　记

让我的爱像阳光一样包围着你，而又给你光辉灿烂的自由。

——泰戈尔《流萤集》

这本书正式动笔写作正是新冠肺炎疫情最开始的时候。

在那些漫长的、几乎与世隔绝的日子，面对不可知的世界，时时会有一种幻灭与不真实感。没有永恒，没有恒久不变，只有变幻的当下与这川流不息的变幻中孤独的个体。如阿根廷作家博尔赫斯说：命运之神没有怜悯之心，上帝的长夜没有尽期。你的肉体只是时光，不停流逝的时光，你不过是每一个孤独的瞬息。

因为想要对抗变幻感，我转而寻求人类历史中的那些永恒，比如敦煌。写作的同时在读好几本关于敦煌的书，其中有一本是井上靖的《敦煌》，这是一个内里滚烫灼人而用笔又极为简约克制的故事。

大宋落榜举人赵行德，因为偶然的机缘投身西域沙漠，经历战争、爱情、流亡、生死抉择。爱情只是一眼，生死只是一瞬，在浩瀚无言的大漠苍穹下，个人的荣辱抱负、孤单绝望，即使对个人再惊涛骇浪，在敦煌和时间的长河中都微不足道。

生命倏忽易逝，百代兴废转瞬成空。

在井上靖冷静的叙述中，我忽然发现赵行德给我的启示，终其一生，我们有可能都无法预知自己是否可以创造永恒，自己所做的事是否有意义，只有坚持内心的热爱与信仰。如赵行德，在他年轻时，游移不定，飘零四方，追逐模糊的执念。等到岁月汇成苍茫大河，无法改道，他也只是被动地奔忙，可是就在那城破之时，在山穷水尽之处，他有了一次机会，做出最有意义的抉择，挽救经典，守护了人类的永恒。

唯爱与信仰成就人类的永恒，成就个体永恒的内心安宁。

永远都不要失去内心的理想与信仰。

这个理想我现在还只是一个模糊的执念，希望在这本书中延续此前的项目化学习设计，从设计到实施，让它更落地。我并不知道这条路我们还需要走多久，只是内心的召唤，不断涌现的问题感让我不断地在理论和实践之间寻求各种解答之道。

实施是一个很琐碎又很现实的主题，与设计不同，它拉我到地面，让我用新的眼光去欣赏实践中的美，发现不同的学校所创造出来的细小而真实的永恒，发现他们小小的进步。这些新的种子播在学生的心中，期待未来可能会开出自由的花朵。

实施中蕴含妥协的智慧。

创造永恒，坚守信念并不意味着不需要妥协与柔韧。实施中会有诸多的不完美，暴露实施者的缺点，正是这些缺点和不完美，构成了每一个实施者独特的世界。当我们不知不觉走过那一段，不管是咬着牙的泪流满面，还是满心愉悦的携手缓行，都在创造独一无二的实施历程。

当我们从设计进入实施，我不断告诫自己，不要固守于现在，不要固守于特定的理论，不要限制自己和他人的想象，不要低估实施者的创造性，永远可能在这种情境下有更好、更适合的方式。

所以这不是一本"对"的书，而是一本"可能"的书。

最后，诚挚地感谢在写作过程中给我关怀、指引、支持、鼓励、赞赏，让我反思、痛苦、困顿、欢欣、安宁的家人、师长、领导、朋友、伙伴。在这苍茫的人世和孤独的写作历程中，你们是我行路的灯火。

夏雪梅

2020 年 9 月 15 日于上海